4 躍動する民衆

5 ひろがる世界

もくじ

第2展示室 中世

この本であつかっているところ

1 都で花開いた貴族の文化
2 武士の時代の幕開け
3 戦国大名と町のくらし
4 躍動する民衆
5 ひろがる世界

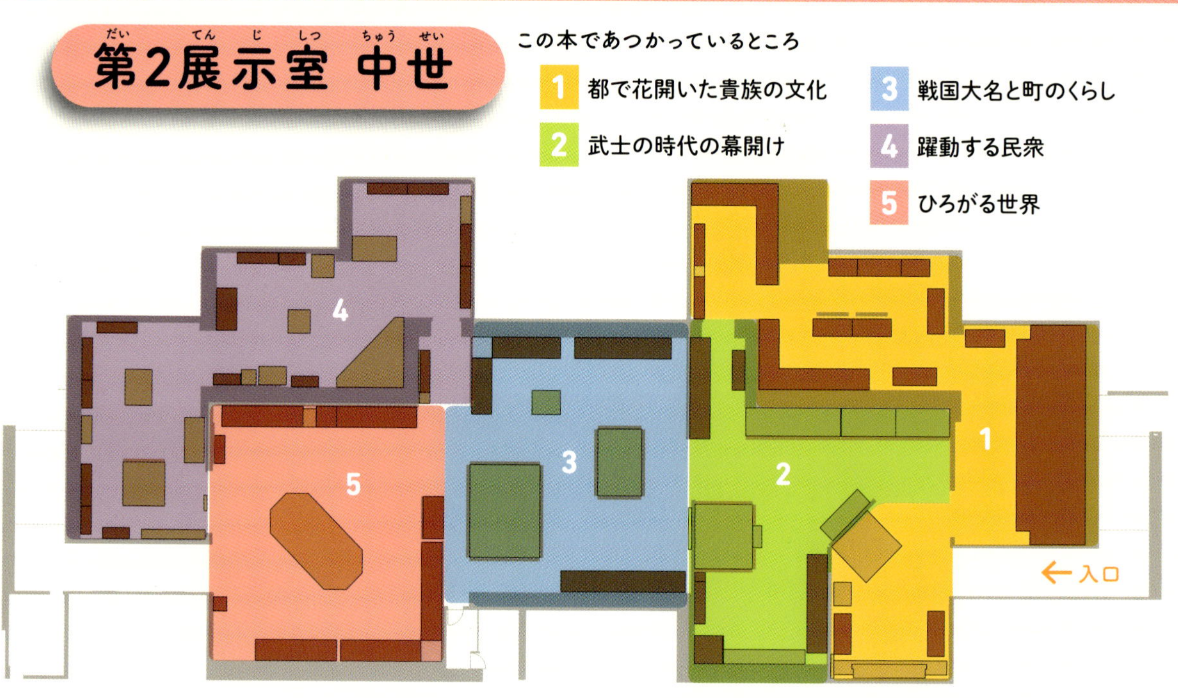

第2展示室へようこそ

「中世」とよばれる平安時代～戦国時代の日本には、公家・武家・僧侶・百姓（農民）など、さまざまな身分をもった人びとがいました。それぞれどんな生活をしていたのかな？　また、この時代の日本は、外国との交流がさかんになりましたが、外国の文化は日本の人びとのくらしにどのような影響をあたえたのでしょうか？　いざ、中世日本の探検に出発！

1 都で花開いた貴族の文化

平安時代の中期になると、中国の文化にあこがれ、これをまねることは終わりました。中国の文化を前提に日本の風土や生活感情にあわせた優雅な国風文化が生まれました。その美意識は、以後の日本文化へ影響をあたえています。どんな文化なのか見てみましょう。

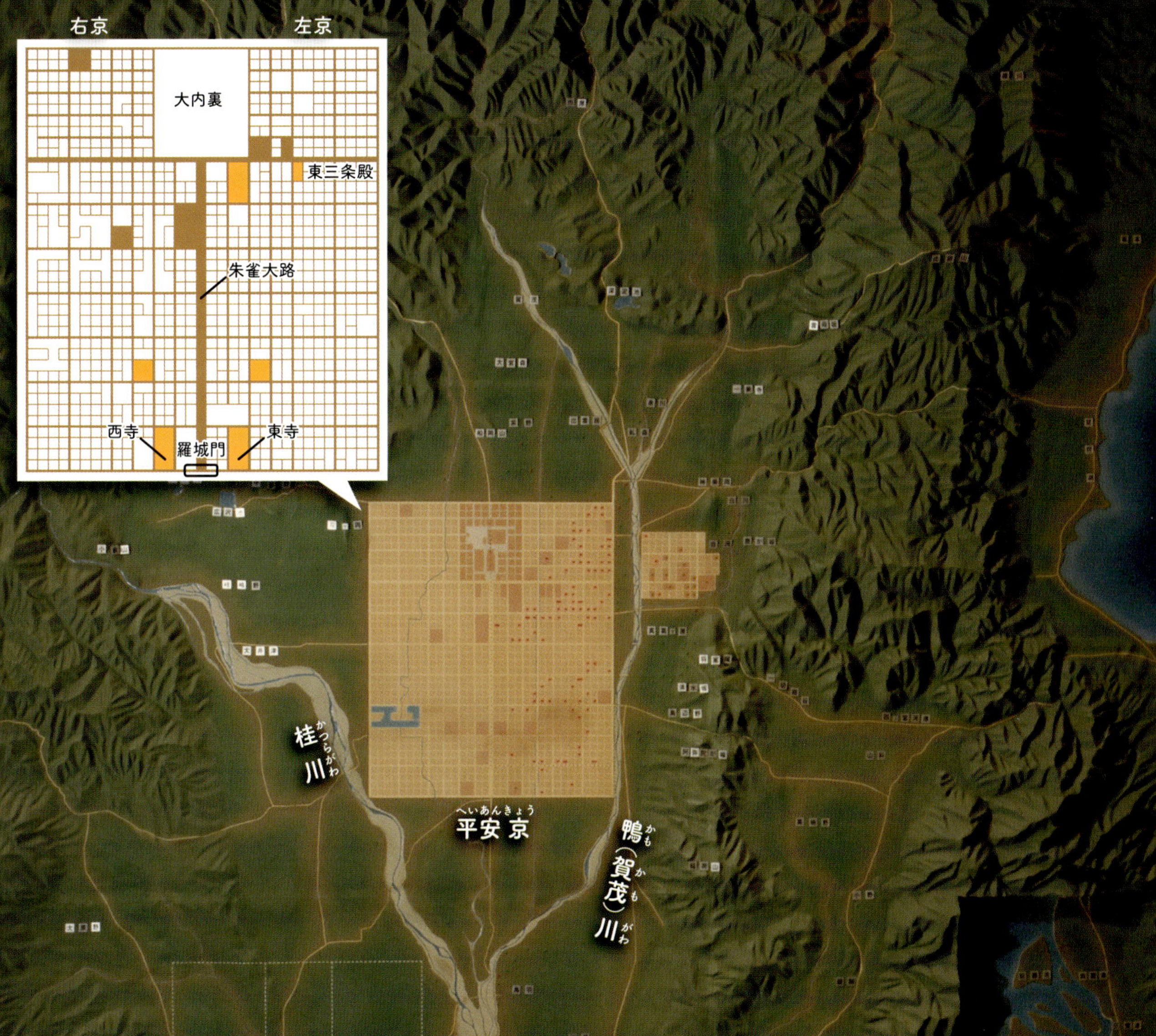

千年の都　平安京

いまから1200年前の794（延暦13）年、桓武天皇が長岡京から平安京に都を移しました。

京都盆地の北のはし、鴨（賀茂）川と桂川の間に建設された平安京は、東西3.6キロ、南北5.3キロの広さをもち、朱雀大路を中心に東の左京と西の右京にわかれます。南のはしに羅城門、北のはしに天皇の住居（内裏）と官人の役所がふくまれる大内裏があり、京内には東寺と西寺以外の寺をつくることは許されませんでした。中国の都をまねて、町は正方形に整然と区切られ、貴族の屋敷が並んでいました。平安京の場所は中国から伝わった陰陽道（風水）の考え方をもとに選ばれたという説もあります。

貴族が住んだ場所

貴族の屋敷は、多くが左京につくられました。上流貴族の屋敷が左京の北部へ集中するいっぽうで、貧しい人びとは南東部に密集して住み、さらには平安京の東のはしを越えて鴨川のほとりにも住み始めました。

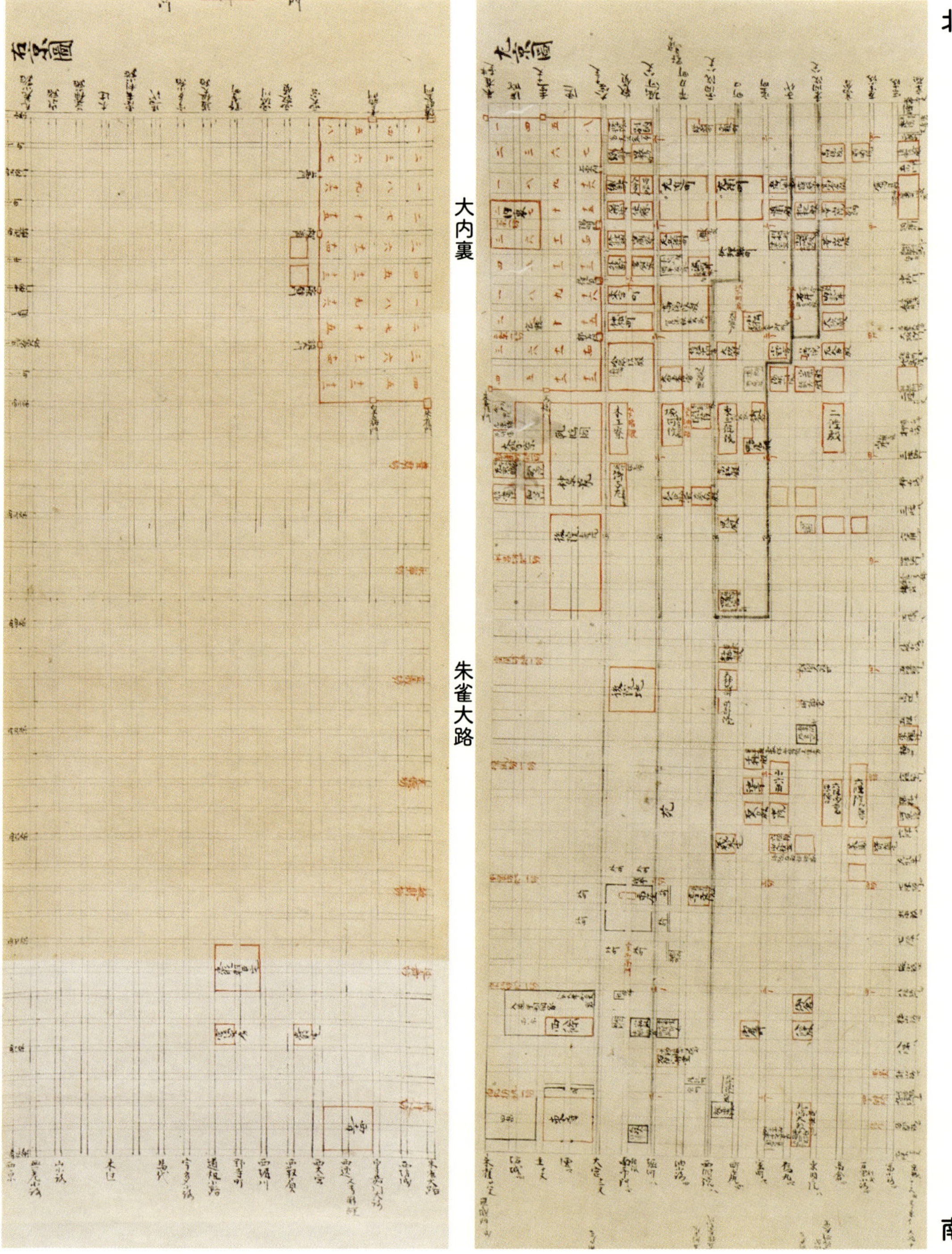

右京図　　左京図

貴族の屋敷

寝殿造は、平安時代の都の高級貴族たちの住宅の様式です。寝殿（正殿）とよばれる中心の建物が、南の庭に面して建てられました。庭には太鼓橋のかかった池（遣り水）があります。寝殿の東西には対屋とよばれる建物を置き、それらを廊下でつなぎ、さらに東西の対屋から廊下を南に出してその先に釣殿をつくりました。

東三条殿は、平安京の左京に建てられた、寝殿造の代表的な邸宅です。平安時代に大きな力をもった摂関家、藤原氏が代々住んだ屋敷で、天皇の隠居場所（院）や京内の仮の内裏としても使われました。特に藤原兼家の娘が天皇の生母となり、「院号」がおくられたため、この邸宅は「東三条院」ともよばれました。

寝殿（しんでん）…邸宅（ていたく）の中心となる建物。外側に屋根と廊下（ろうか）がのびる。

対屋（たいのや）…寝殿と廊下で結ばれたわきの建物。

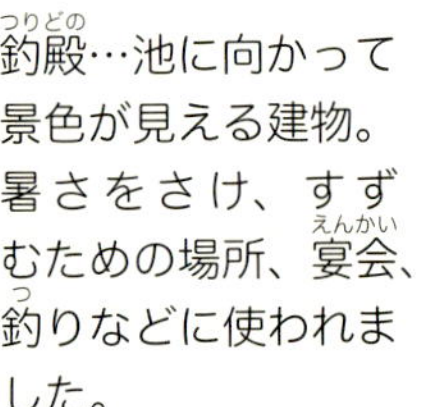

釣殿（つりどの）…池に向かって景色が見える建物。暑さをさけ、すずむための場所、宴会（えんかい）、釣（つ）りなどに使われました。

遣（や）り水（みず）…外から引き入れて庭園につくった小川（おがわ）や、その流れを引いてつくった池のこと。寝殿の南側の庭には大きな池があって中島（なかじま）がある。

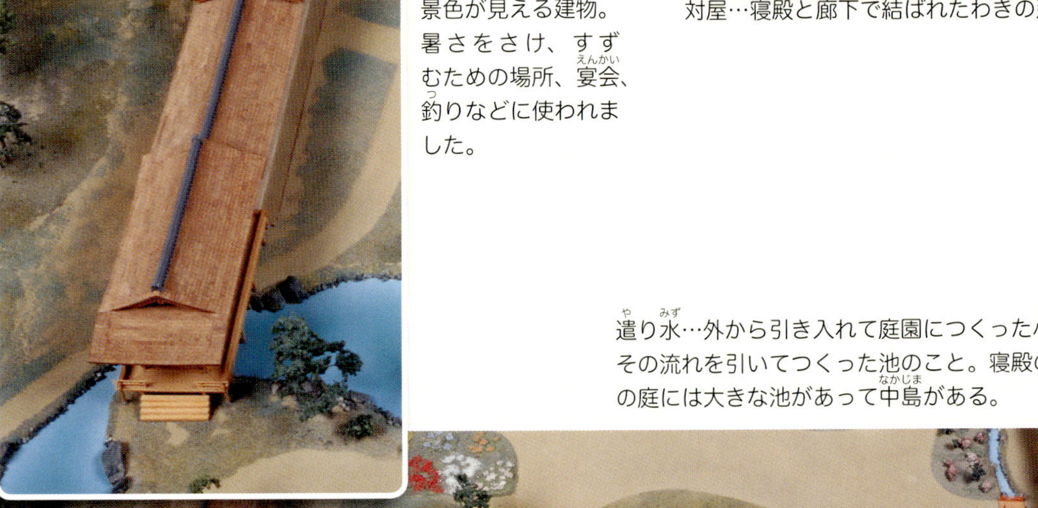

寝殿造のインテリア

屋敷の中心である寝殿（正殿）は、主人が客をもてなしたり、さまざまな行事を行ったりする場所でした。

建物のなかは広い板の間で、たたみは一部だけに敷かれています。部屋はあかりをとるため「すだれ」で外と区分けし、布をたらして壁がわりにしました。天井はなく、屋根が見えていました。布をかけた「ついたて」（几帳）に仕切られた空間に、道具を入れたさまざまな箱や棚をまわりに置きました。また、位の高い人の寝室は「御帳台」とよばれ、まわりが布でおおわれました。

行事の担当者のメモをもとにつくられたといわれているよ。

『類聚雑要抄』

宮中のさまざまな行事で使う調度（身の回りの道具や家具など）の置きかたやかざりかたなどがくわしく書かれた全4巻の図録で、平安時代につくられたといわれています。東三条殿の室内の様子や調度、その配置のしかたについても記してあり、平安時代の貴族の生活を知ることができる貴重な資料です。

展示室でさがしてみよう

『類聚雑要抄（るいじゅうざつようしょう）』をもとに寝殿の室内が復元（ふくげん）されています。右は御帳台（みちょうだい）、貴族（きぞく）のベッドです。浜床（はまゆか）という高さ約60センチの台（古くは四畳半（よじょうはん）ぐらいのスペース）を木わくで囲（かこ）い、まわりに帷（とばり）とよばれる布をたらしました。

身の回りの道具や家具。どのように使われたのかな？

Q　トイレやお風呂（ふろ）はどうしていたのかな？

A　トイレは、「おまる」のような木製（もくせい）の箱（はこ）（樋箱（ひばこ）といいます）を使い、川に捨（す）てていました。また、現在のようなお風呂に入る習慣（しゅうかん）はほとんどなく、蒸（む）し風呂（ぶろ）か行水（ぎょうずい）程度で、体臭（たいしゅう）を消すために、におい消しの香（かお）りを着物につけました。

貴族の装束

十二単という言葉を聞いたことがありますか？　平安時代の女性貴族が身にまとった正装で、女房装束ともよばれます。女房装束は、着る人の年齢や好みによって、色や文様の組み合わせが工夫されました。

男性貴族の正装は束帯・衣冠とよばれるものです。これに対してふだんは直衣とよばれるふだん着を着ていました。

いまのわたしたちから見れば、いかにも日本的な衣装にみえますが、もともとは中国の役人が仕事の時に着ていた服が変化したものです。平安貴族たちは時間をかけて、中国文化の影響を自分たちの好みに合うようにととのえていったのです。

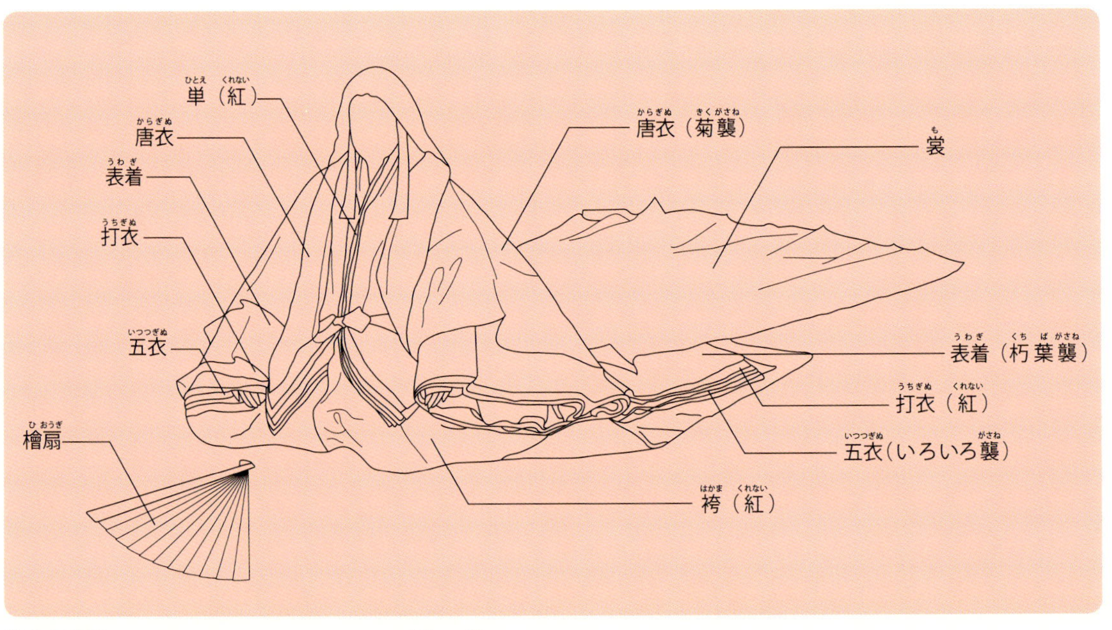

十二単といっても、本当に12枚を重ね着しているとはかぎりません。たくさん重ね着しているという意味で、そうよんでいるのです。

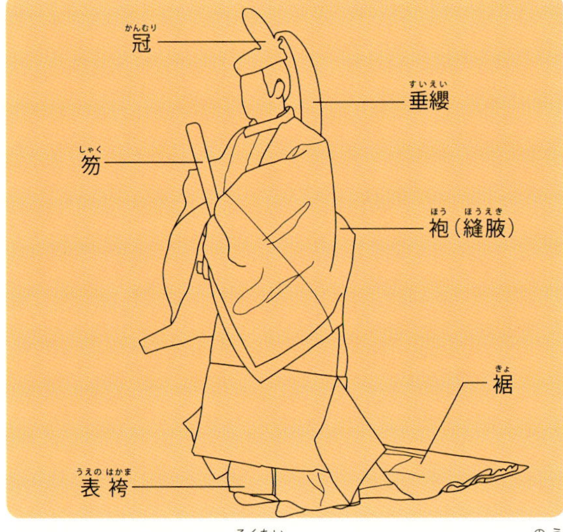

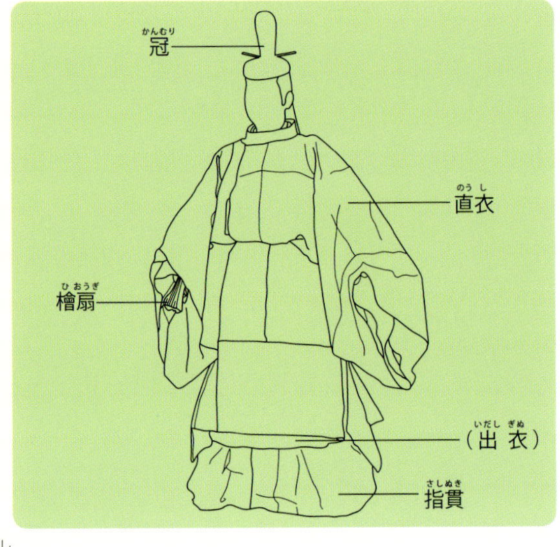

左が正式な場で着る束帯、右がふだん着である直衣です。手に持っているものに注目しましょう。儀式のときに使う笏には、儀式の順序を忘れないためにメモを書きつけることもありました。檜扇は、ヒノキの薄板をつづり合わせた扇で、笏の代わりに使われることもありました。

貴族のお仕事と「かな文字」

平安時代の貴族というと、物語に記された話から、和歌を詠んで恋愛ゲームばかりしていたようなイメージがありますが、実際には、天皇のそばに仕えて儀式を行ったり、地方官の成績評価を行ったりと、なかなかにいそがしい生活でした。きちんと作法や手順を勉強しておかないと、天皇や上司にしかられたり、同僚からばかにされたりするのです。

大臣・中納言・参議といった国の政治に関わる上級貴族は10世紀はじめの段階で20人程度でしかなく、能力にくわえて家柄も良くないと、そこまでのぼりつめることはできませんでした。

貴族の日記

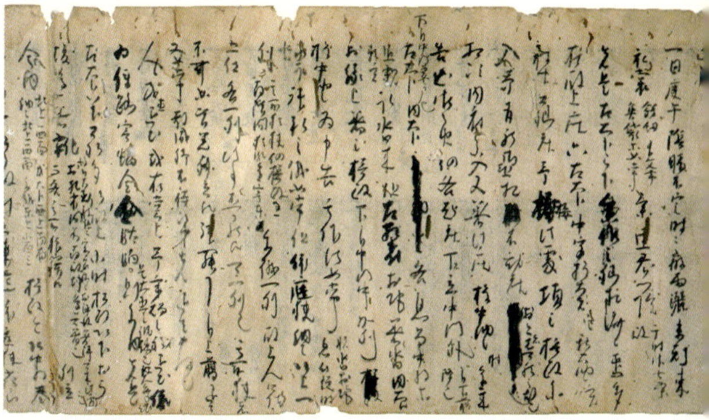

上級貴族だった三条実房の1172年（承安2）の日記です。当時、実房は数え年で26歳の若さでしたが序列は上から10番目でした。元日、貴族たちはまず天皇の母である建春門院のところへ新年のあいさつに行き、ついで朝廷に出勤して儀式を行ったことが記されています。

かな文字の誕生

平安時代になると、ひらがなやカタカナが生まれます。それより前は、漢字を使って日本語の音をあらわしていたのです。ひらがなは、「可→か」、「奈→な」のように漢字をくずしてつくられました。かな文字の誕生で日本語の表現が豊かになり、和歌や物語などの文学が盛んになりました。

当時、男性は漢字、女性はひらがなを使うことがたしなみとされていたのよ。

『源氏物語』

紫式部が書いた平安時代の長編小説。「ひらがなで書かれた娘たちからの手紙を見るのには時間がかかって……」と書かれています。くずして書かれたひらがなは、当時の人びとにも読みにくいものでした。

ヲコト点

漢字で書かれた文章は、読みやすくするためにふりがなを振ることがありましたが、さらに効率的な方法として「ヲコト点」がつくられました。漢字のそばに点を打ち、送りがななど読みかたを示すのです。

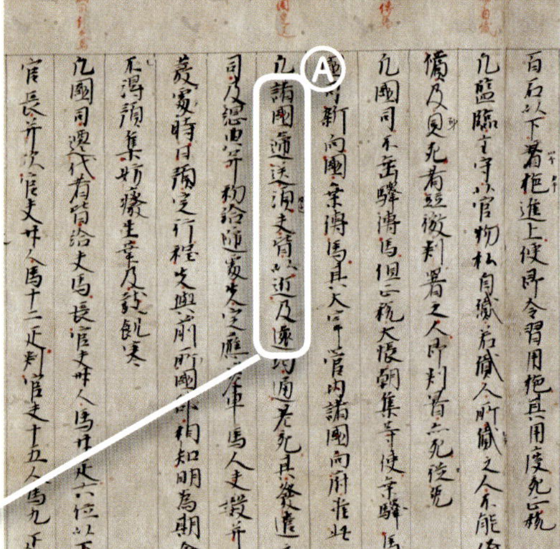

ヲコト点の例

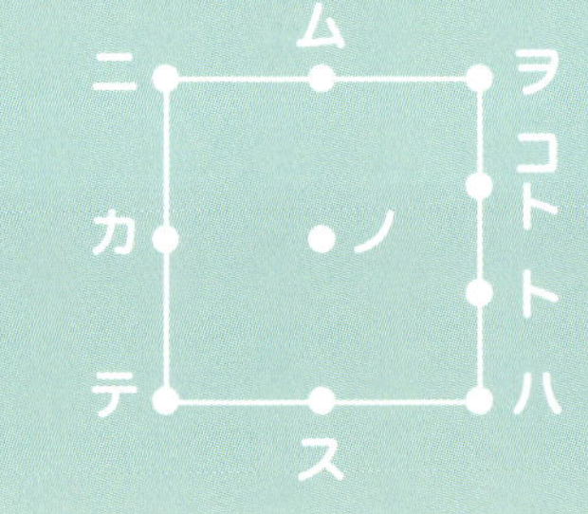

この決まりにしたがうと、Ⓐの部分は、「諸国の逓送に夫を須いるは、皆、近きを以て遠きに及ぼし」（諸国で物資を運ぶときに人夫を集める場合には、運ぶルートの近くに住んでいる者をできるだけ選ぶようにし（なさい））と読みます。

極楽往生させたまえ！

良いことをすれば、死んだあと極楽浄土に生まれ変わり、悪いことをすれば地獄に落ちる。そういった浄土信仰が、平安時代中ごろからさかんになりました。人びとは寺を建て、仏像を作り、お経を写し（写経）、必死になって極楽往生を願ったのです。お経は仏の教えを記したものですから、それを写すのは仏教の世界では非常に良いことと考えられていました。そして、仏の教えが永く伝えられるよう、写したお経を地中に埋めたのが経塚です。経塚にはお経を入れた経筒のほかに、焼物や鏡、刀など、さまざまな道具が一緒に埋められていて、人びとの篤い願いが伝わってきます。

藤原道長の経筒

平安時代中ごろの権力者、藤原道長が埋めた経筒です。自ら写経し、平安京から遠く離れた大和国（奈良県）金峯山に上り、1007（寛弘4）年8月11日にこれを埋めたことが銘文に記されています。

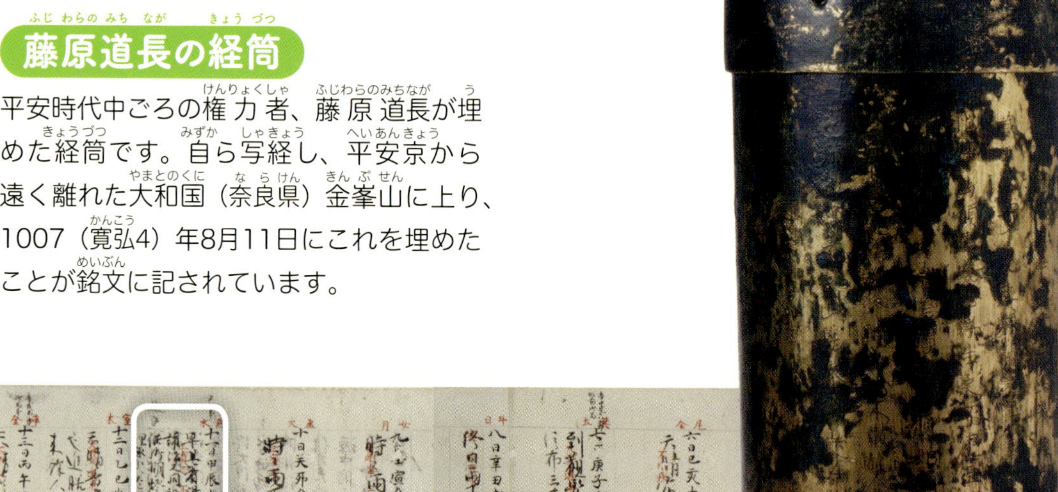

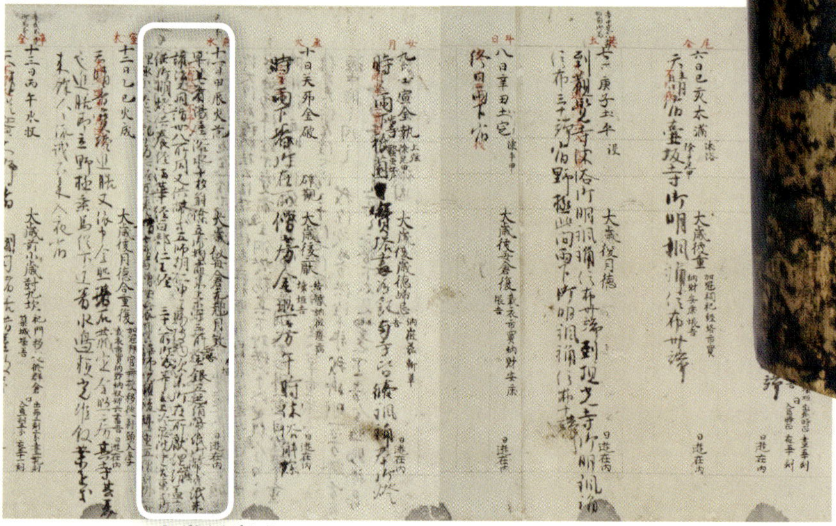

藤原道長は『御堂関白記』という日記を残しました。寛弘4年8月11日には、金峯山に経塚をつくった記事が細かく記されていて、書き切れずに紙の裏側まで利用しています。

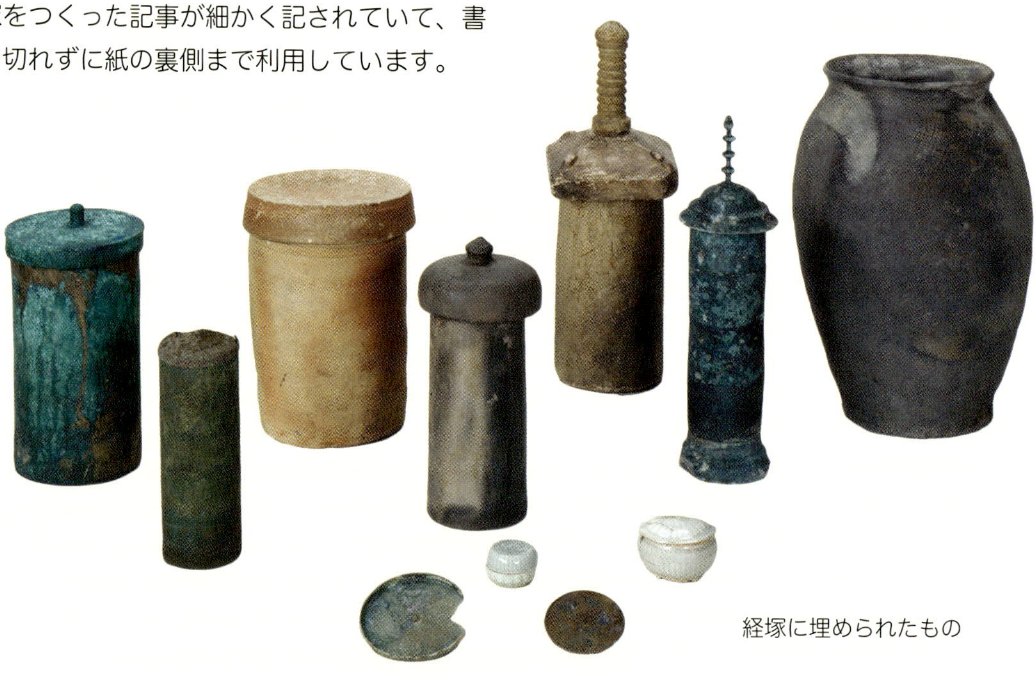

経塚に埋められたもの

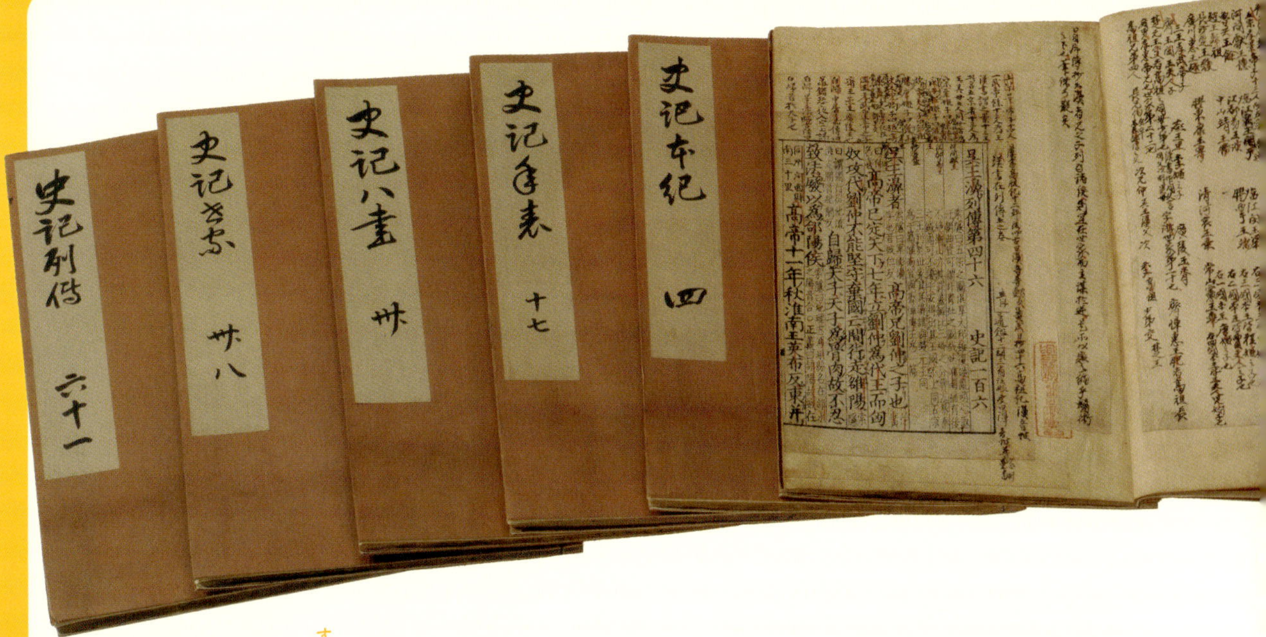

本を刷る　版木と活字はどうちがう？

書物は、もともと手で書き写すことでいくつも作られ、広められていくものでした。しかしやがて中国で、木の板に文字を左右逆に彫りつけた版木を作成し、それに墨をつけて紙に刷るという木版印刷が考え出され、東アジアに広まっていきます。中国ではとくに宋の時代（960〜1279年）に活発となり、その時代の印刷物はのちに「宋版」とよばれて尊ばれました。

この『史記』も宋版です。室町時代までには日本に持ちこまれ、禅僧や武将（直江兼続や米沢上杉家）に伝えられていきました。この本のように、明治時代より前の日本には中国や朝鮮半島から大量の書物が輸入されました。現在の中国や朝鮮半島では失われてしまった本が、日本にだけ残っているということも少なくありません。

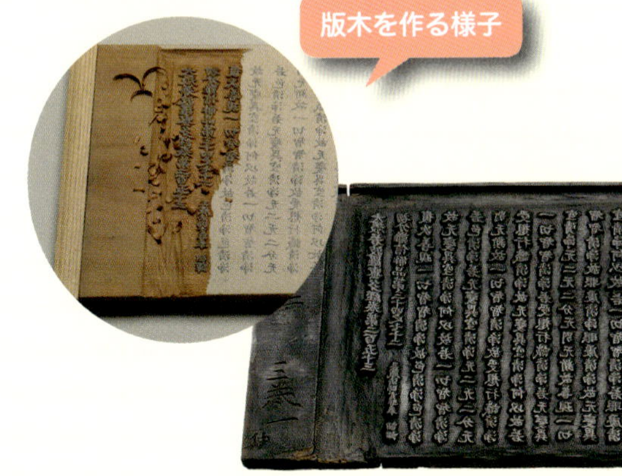
版木を作る様子

版木の製作

中世には興福寺などのお寺でお経の出版がなされました。

活字印刷

朝鮮半島では世界に先がけて銅製の活字を作って版を組み、印刷する方法が生み出されました。右の書は15世紀前半に作られた活字によって朝鮮で印刷されたものです。朝鮮の活字は日本にも影響をあたえました。

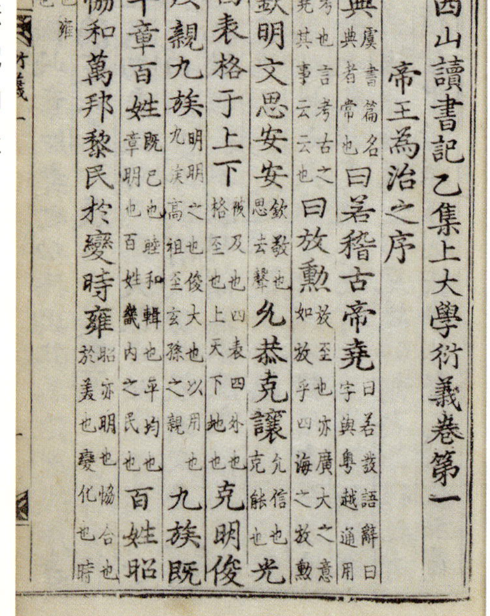

真西山讀書記乙集上大學衍義巻第一

帝王為治之序

堯典 曰若稽古帝堯 曰放勳 欽明文思安安 允恭克讓 光被四表格于上下 克明俊德以親九族 九族既睦平章百姓 百姓昭明協和萬邦黎民於變時雍

徳川家康がつくらせた銅製活字

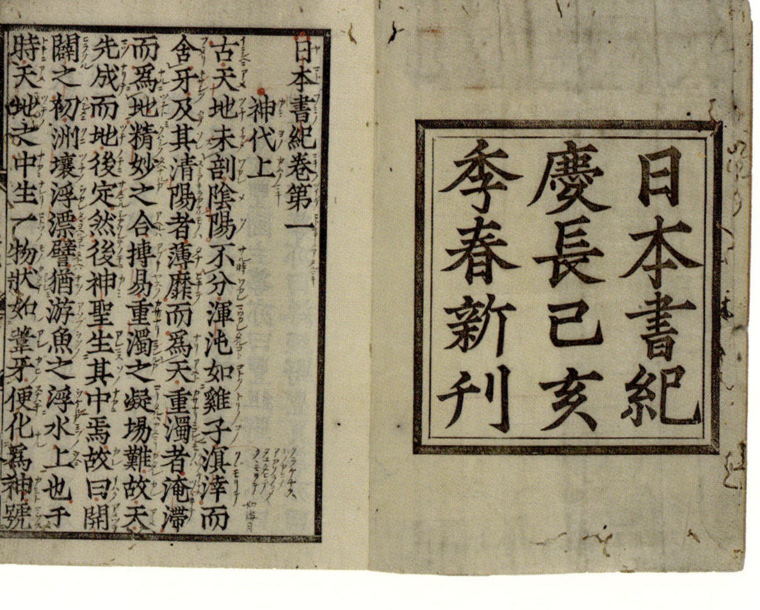

日本書紀
慶長己亥
季春新刊

日本書紀巻第一

神代上

古天地未剖陰陽不分渾沌如雞子溟涬而含牙及其清陽者薄靡而為天重濁者淹滯而為地精妙之合摶易重濁之凝場難故天先成而地後定然後神聖生其中焉故曰開闢之初洲壌浮漂譬猶游魚之浮水上也于時天地之中生一物狀如葦牙便化為神號

16世紀末から17世紀はじめにかけて、後陽成天皇や徳川家康などによる活字印刷が進められました。しかし、活字印刷ではいったん組んだ版は印刷がすむとすぐばらしてしまうため、何度も印刷したい場合には版木を使った印刷の方が便利です。江戸時代には木版印刷が普及していきます。

後陽成天皇が出版した『日本書紀』

コラム1 貴族の食事

貴族たちは、盛りつけの美しさを重視した豪華な食生活を送っていたように見えますが、実際は出された食事に少し箸をつけるだけで、後はかたづけて仕える人たちが食べるのが習慣でした。貴族も、日常は一汁二菜（汁ものとおかず）程度の質素な食事をしていたのです。

平安時代の主食は「強飯」という、もち米を蒸したものでした。おかずは魚介類を中心に肉も食べましたが、食材の保存が困難な時代なので、タケノコや山菜のような旬のもの、漬物や干物といった保存のきく食べ物にかたよっていました。

『類聚雑要抄』にえがかれた貴族の食事

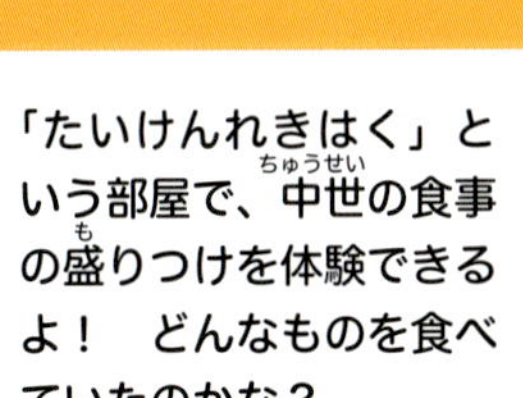

2 武士の時代の幕開け

かつて日本には、戦うことを職業とする
武士とよばれた人びとがいました。
鎌倉時代になると武士は支配者に成長し、
鎌倉に幕府という自分たちの政権まで作りました。
幕府があった鎌倉とは、どんなところだったのでしょう？
武士はどんな生活をしていたのかな？

鎌倉ってどんなところ？

⑦朝比奈切り通し
円覚寺
建長寺
永福寺
①巨福呂坂切り通し
②亀ケ谷切り通し
浄妙寺
(1) 大倉御所
鶴岡八幡宮
(3) 若宮大路御所
③化粧坂切り通し
勝長寿院
小町大路
寿福寺
(2) 宇津宮辻子御所
若宮大路
今小路西遺跡
高徳院(大仏)
⑥名越切り通し
④大仏坂切り通し
光明寺
極楽寺
和賀江島
⑤極楽寺坂切り通し

鎌倉は、北・東・西の三方を山に囲まれ、南は海に面していました。そのため外部と行き来できるように、北側・東側・西側に「切り通し」という7つの出入り口が設けられ、南側には和賀江島という港が作られました。

北部には、武士の信仰を集めた鶴岡八幡宮が建てられ、若宮大路という参道が作られました。また、鎌倉にはたくさんの寺院がありますが、これらの多くは鎌倉に住んだ武士たちによって建てられたものです。

現在の鎌倉の様子

鶴岡八幡宮

若宮大路

亀ケ谷切り通し

Q なんで幕府（将軍御所）が3つもあるの？

A 最初、幕府は鶴岡八幡宮の東側に建てられました。その後、小町大路に面した場所へ移転し、さらにその北側の若宮大路に面した場所へ移転しました。写真にはこれらすべてを示しているので、3つもあるように見えるのです。

鎌倉にくらす人びと

これは、安達泰盛という武士の屋敷です。向かって左側の、桐や竹に鳳凰をえがいたみごとなふすま障子を背に座っている人が、この屋敷の主の泰盛です。泰盛の正面に座っている武士は、竹崎季長という肥後国（現在の熊本県）の武士です。

幕府が置かれたことで、鎌倉には武士の屋敷がたくさん建てられました。その様子は、上のような絵画だけでなく、発掘調査からも明らかにされています。また、鎌倉には武士や僧侶だけでなく、商人や職人などの庶民もたくさんくらしていました。

今小路西遺跡の遺構

屋敷の面積が広く、高級な陶磁器類が出土していることから、有力な武士の屋敷と考えられています。

鎌倉に入ってきたさまざまな品物

鎌倉には日本や外国でつくられた品物が運ばれ、鎌倉でくらす人びとに使用されました。実に多様な品々に囲まれて生活していたことがわかります。

中国で作られた高級な陶磁器。有力な武士や僧侶が権威を示す道具（威信財）として使用しました。

愛知県の渥美・瀬戸、岐阜県の美濃で作られた陶器と、長崎県の西彼杵半島で作られた石鍋。これらも日常品でした。

展示室で探してみよう！

鎌倉で作られた土器と漆器。素焼きの土器は儀礼で使われる使い捨ての食器、漆でコーティングされた漆器は何度も洗える日常的な食器と考えられています。

中国で作られた一般的な陶磁器。鎌倉でくらす庶民も日常品として使用しました。

鎌倉の武士はお金持ち

京都の六条八幡宮という神社の再建費用を、幕府が武士たちに割り当てた資料です。「鎌倉中」という鎌倉に住む武士たち（123人）の負担額の総計は4577貫文、現在の価値にするとおよそ5億円とわかります。鎌倉に住む武士たちは裕福だったようですね。

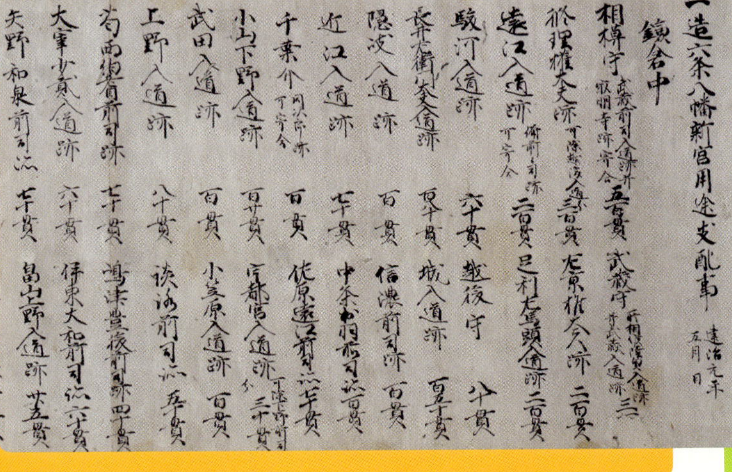
一造六条八幡新宮用途支配事
鎌倉中

領主になった武士

周囲を堀と大きな土塁に囲まれたこの館（屋敷）は、武士が自分の所領（領地）に築いた館です。堀や土塁のほか、門には矢倉が建てられており、武士の館にふさわしい、物々しい造りをしているのがわかります。

武士は将軍などの主君から所領をあたえられ、その地をおさめる領主となりました。武士の館は、所領をおさめる拠点となったのです。

1 馬を飼育する建物です。猿は馬の守り神でした。

2 武士の第一の武芸は馬上から弓矢を射る騎射です。馬場でこの技をみがきました。

館の中とまわりを見てみよう

館の中には何があるのかな？　館はどのような場所に建てられ、まわりはどうなっていたのかな？　じっくり見ると、「お殿様」になった武士の生活が見えてきます。

4 館の近くには「大道」とよばれた幹線道路が通っていました。

3 鷹狩りに必要な鷹を飼育していました。

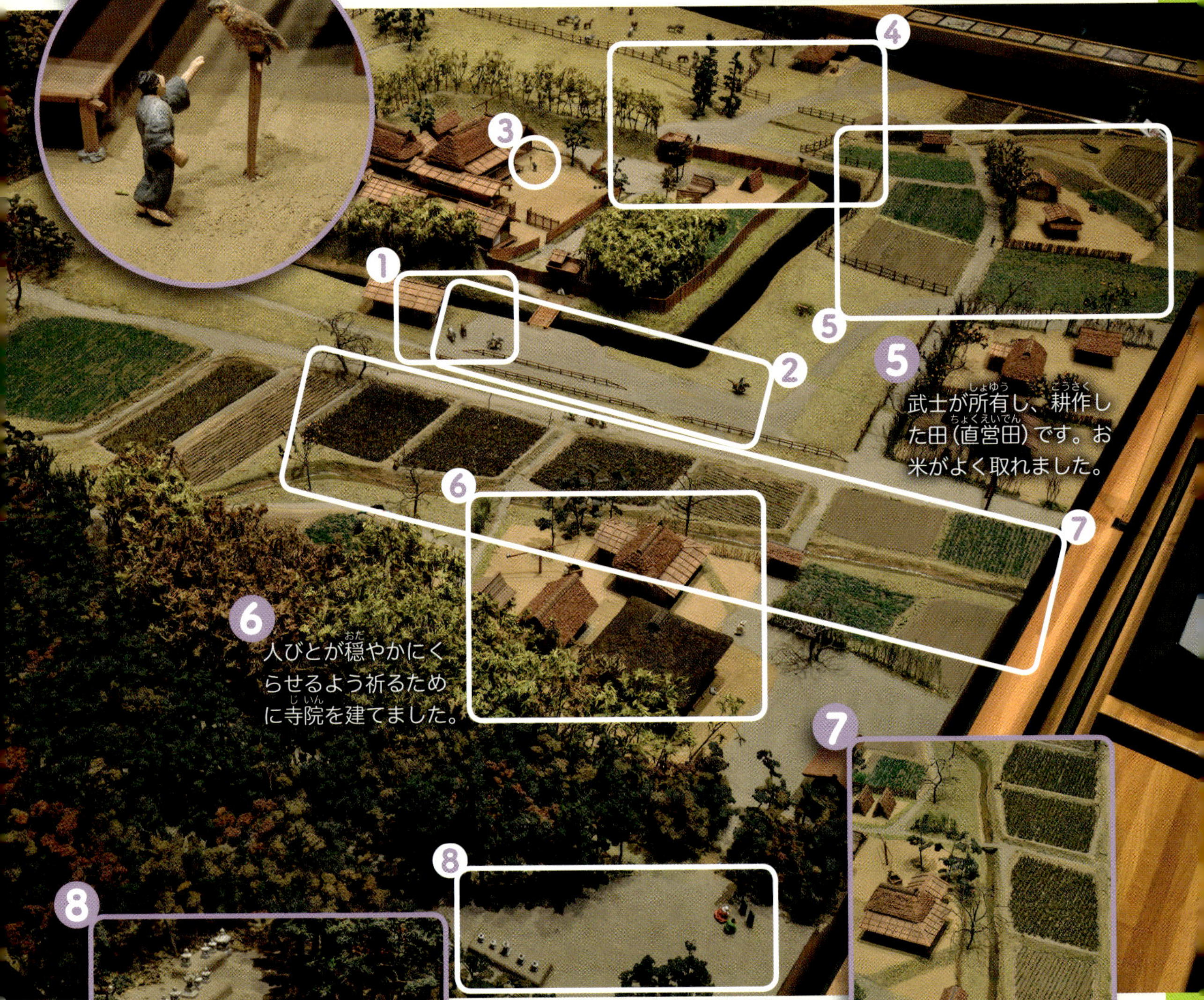

5 武士が所有し、耕作した田（直営田）です。お米がよく取れました。

6 人びとが穏やかにくらせるよう祈るために寺院を建てました。

7 百姓（農民）が耕作する田や畑に水を入れる用水路の整備・維持を行いました。

8 祖先を供養する墓地です。板碑や五輪塔・宝篋印塔という石造物が建てられました。

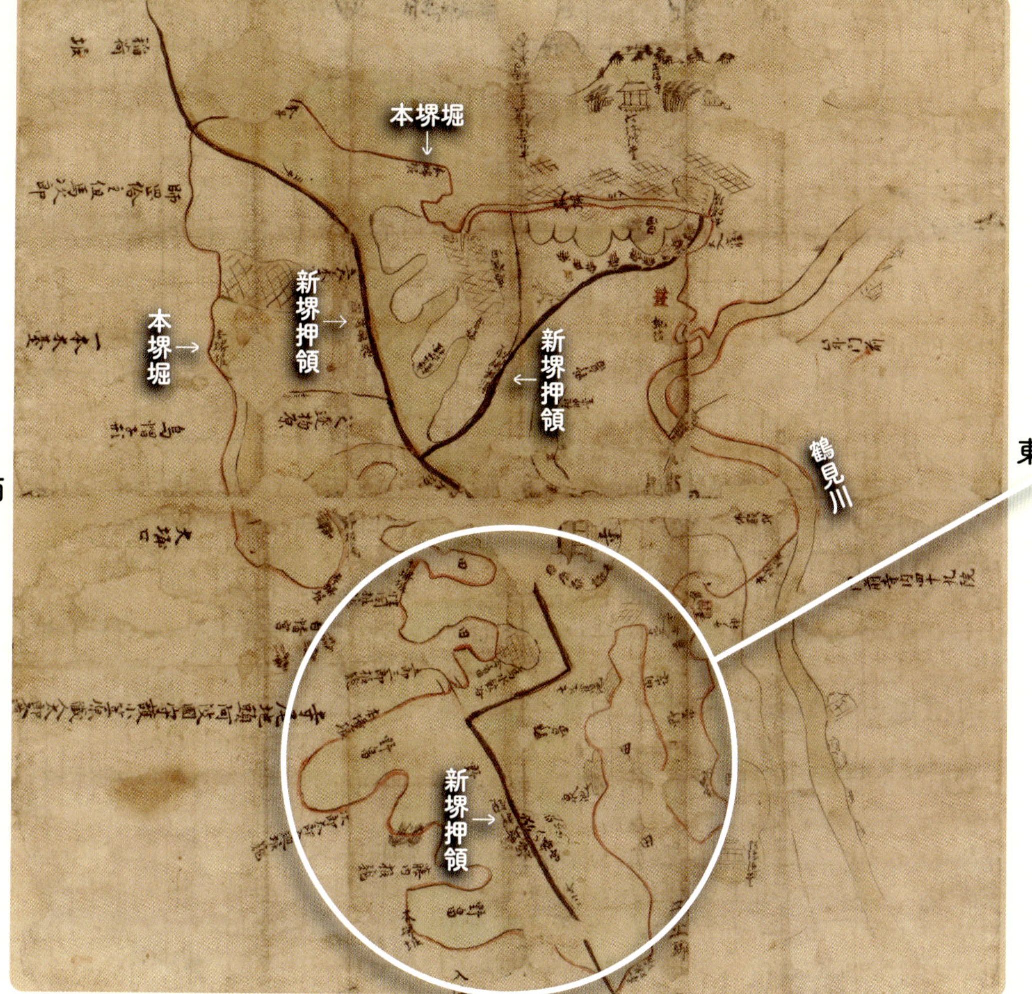

えがかれた中世の風景

鎌倉時代が終わるころ、現在の横浜市鶴見区付近をえがいた絵図です。そのころ、そこは鎌倉にある正統庵という寺の領地で、おもに鶴見川西岸の低地とその西にある台地からなっていました。絵図では、領地の境界にあった「本堺堀」という堀がえがかれ、それに沿って境界を表す赤い線が引かれています。北を上にして見ると、右端を鶴見川が上から下に流れ、その両岸に低地があります。また、その左側では、台地を囲むように境界が通り、台地と低地が入り組んでいる様子がわかります。

この絵図は、寺の領地を周囲から武士などが侵略して新しい境界（「新堺押領」）を引いてしまった様子をえがいたものですが、当時の町や村、田や畑の様子もわかります。

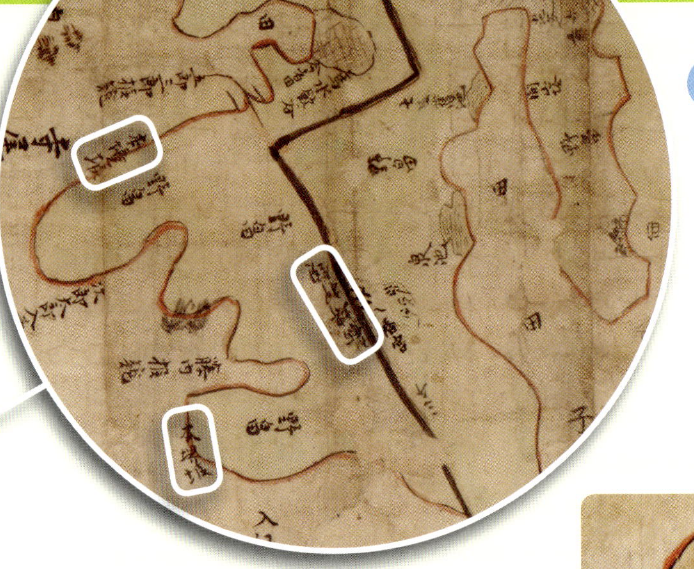

台地は畑、低地は田

おもに「本堺堀」の内側は台地、外側は低地です。そのため、内側では「野畠」、外側では「田」になっています。境界のがけには、わき水でできたと考えられる「泉池」があります。

橋と道と町と

鶴見川には幅の広い橋がかかっています。橋は交通にとって大切なところなので、その近くには人びとが集まります。そのため、橋のすぐ南では道の両側に家が建ち、町ができています。

500年後にも残る境界線

領地の北東隅から鶴見川までの境界は、低地のなかを折れ曲がりながら通っています。その境界は、500年以上のちの明治時代になっても残っています。境界線の形に注目して、明治時代の地図とくらべてみよう。

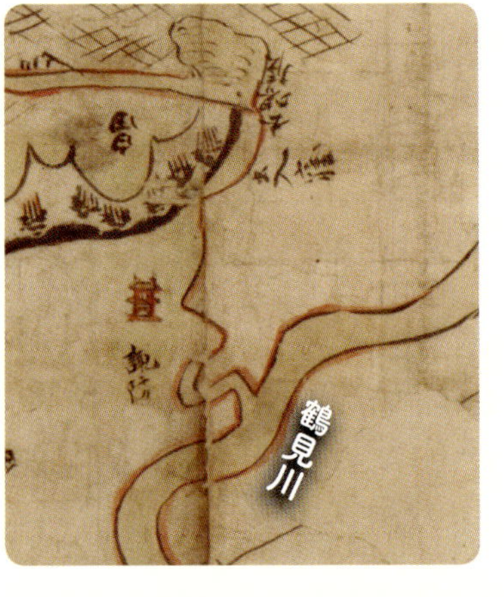

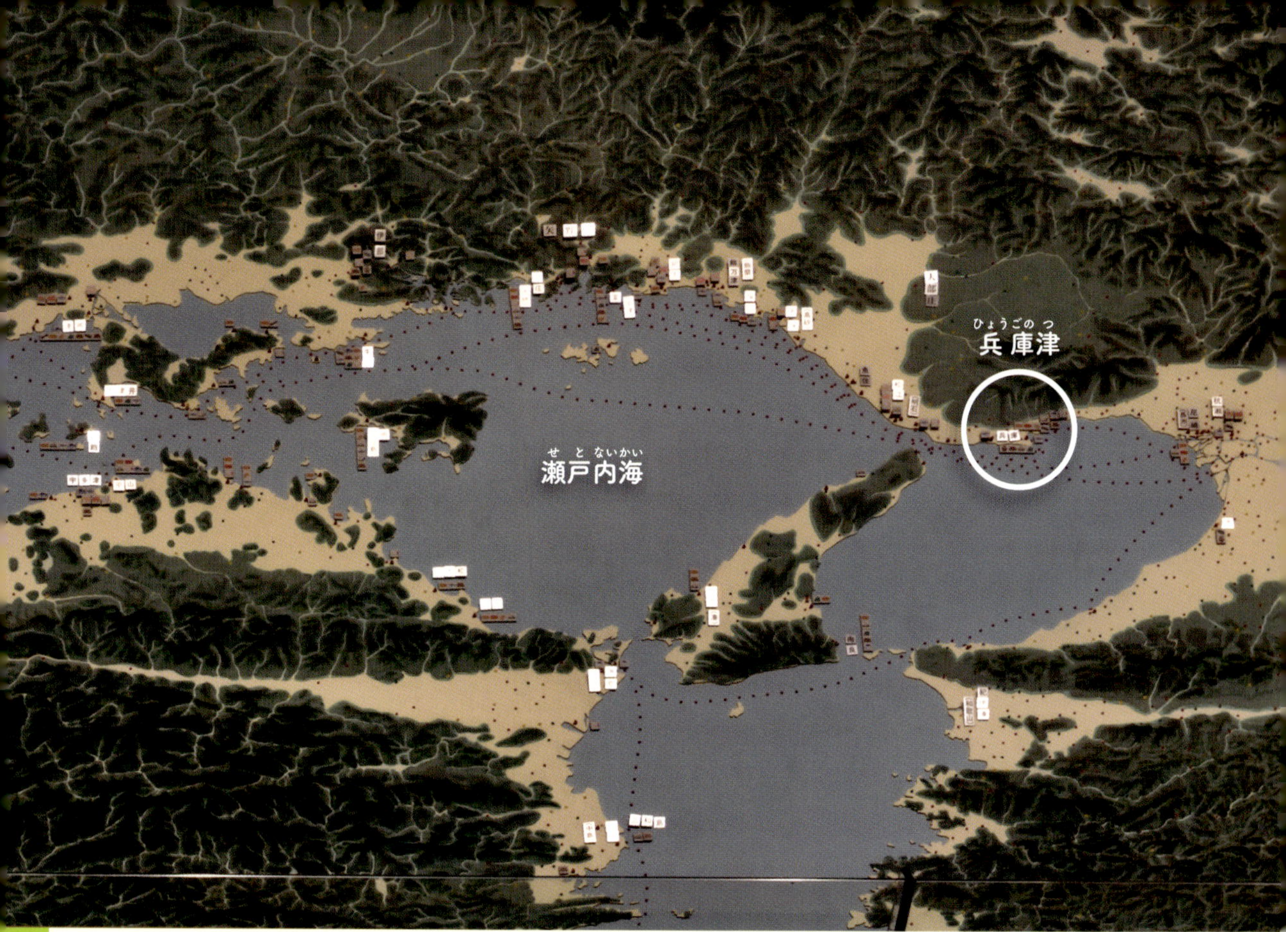

兵庫津

瀬戸内海

列島をかけめぐる人とモノ

荘園の支配者となった貴族が住む京都には、全国各地の荘園から税（年貢）が集まりました。大量の税は船によって運ばれたため、西日本では瀬戸内海がもっとも重要な交通・流通路となり、たくさんの港が作られました。

各地の遺跡からは、日本や外国のさまざまな品物が出土します。鎌倉時代には列島全体をつなぐ日本海側と太平洋側の航路が発達し、これを使って多くの人とモノが列島中を行き来していたのです。

兵庫北関入船納帳

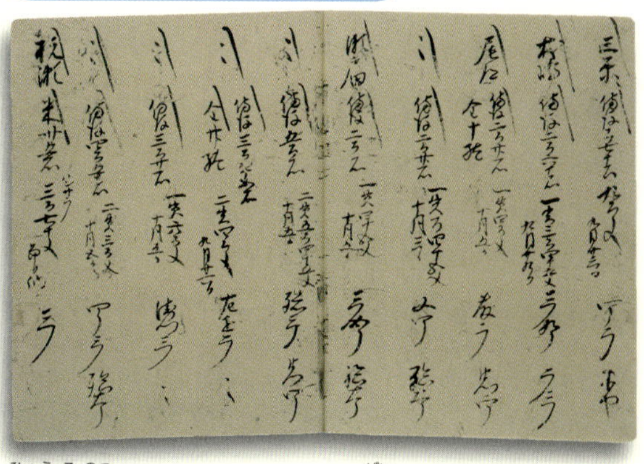

兵庫津（港）に入る船から税を取るために作成された帳簿です。15世紀なかばの瀬戸内海の港や、それらの港から積み出された品物の名まえなどが記されています。

奥州藤原氏の都・平泉

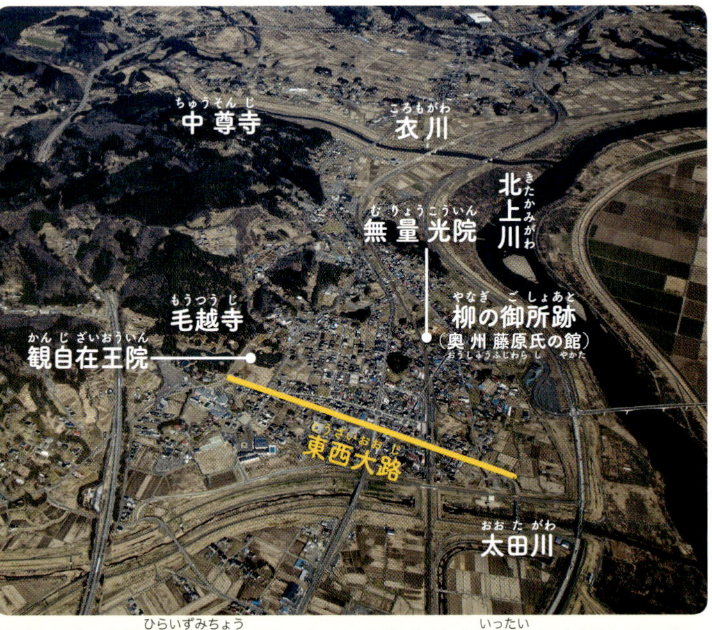

平泉全景と平泉の所在地図

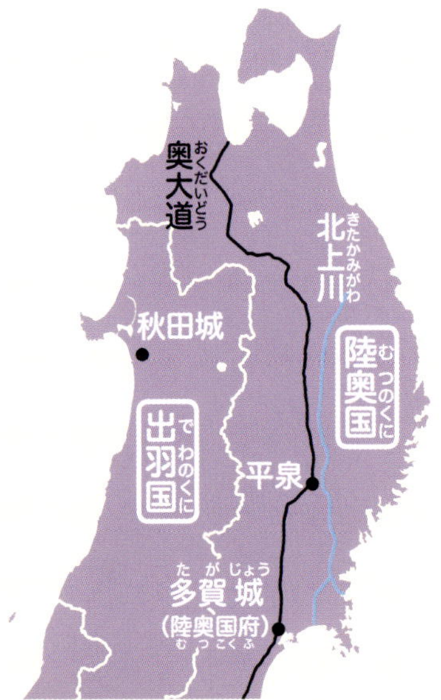

現在の岩手県平泉町には、かつて東北地方一帯を支配した武士、奥州藤原氏の本拠地がありました。平泉は京都に次ぐ都市として栄え、日本や外国の品物が集まりました。

平泉の出土物

中国で作られた陶磁器（白磁四耳壺）です。九州の博多（福岡県福岡市）から運ばれてきたと見られます。

愛知県の常滑で作られた大甕です。

左がロクロを使って作る土器、右がロクロを使わないで作る手づくね（手でこねて作った）土器です。手づくね土器は、もともと京都で作られたものでしたが、奥州藤原氏はこれをまねして作りました。京都の情報が平泉に伝わっていたことがわかります。

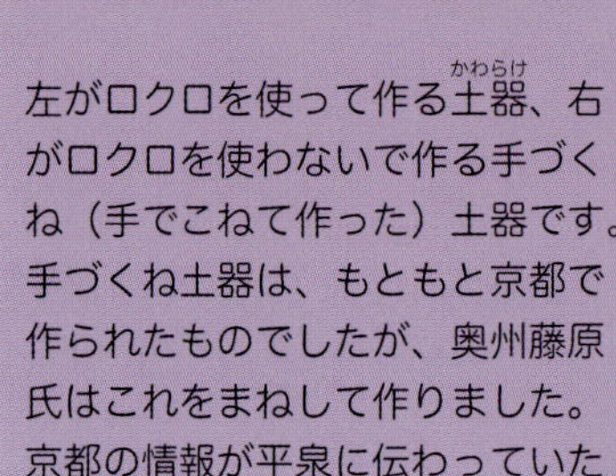

底に注目！ちがいがわかるかな？

捨てられた土器

にぎわう港町

草戸千軒町遺跡は、広島県福山市の芦田川の河口付近にあった港町です。遺跡からは集落の跡やそこでくらした人びとの生活用具などが数多く出土し、地方の港町の様子が明らかになりました。

草戸千軒町遺跡でくらした人びとはどんな生活をしていたのでしょうか？ 鎌倉とのちがいは何かな？ 出土遺物から考えてみましょう。

草戸千軒町遺跡の復元

鉄製包丁

木簡
荷札などに使用しました。

北方のターミナル・十三湊

青森県津軽半島西部にある十三湖と日本海にはさまれた砂州上に発達した港町です。鎌倉時代には、近畿地方と北海道を行き来した津軽船が入る港となり、列島と北の世界を結ぶ中継地として栄えました。遺跡からは、これを物語るように日本や外国の品物が出土します。

ガラス製ビーズ
大陸で作られたものと見られ、北海道を経由して運ばれたと考えられています。

愛知県の常滑・瀬戸、石川県の珠洲で作られた陶器です。

朝鮮・中国で作られた陶磁器です。九州の博多から運ばれました。

木製羽子板、木製墨書戯画
この時代の子どもたちの遊びの様子がうかがえます。

漆器椀・皿

土師質杯、木製箸

漆器製作道具

擂子木

土製かまど・鍋

日常的に使用していた食器や調理具です。遺跡からは漆をぬる道具も出土しているので、漆器を作る職人もいたことがわかります。

コラム2

鎌倉時代の武士の館

「一遍聖絵」にえがかれた筑前国（現在の福岡県）の武士の館

れきはくにある武士の館の模型は堀と土塁に囲まれていますが（22～23ページ）、このような防御性の高い館は、実は15世紀なかば以降に現れることが発掘調査で明らかにされています。それ以前の館は、絵画資料や出土遺構を見るかぎり、幅のせまい溝と板で作られた屏が周囲をめぐるような館であり、防御＝戦闘を意識した造りにはなっていませんでした。戦国時代のように戦闘が日常的になる時代でなければ、武士の館といえども、物々しい造りにはならなかったようです。

鎌倉時代の中条氏の館跡・坊城館遺跡（新潟県胎内市）

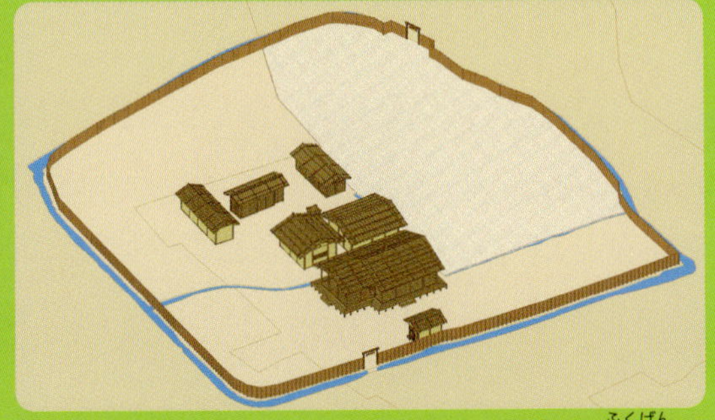
坊城館復元図

3 戦国大名と町のくらし

室町時代の後半は、「戦国時代」ともよばれます。
各地で紛争が起こるいっぽうで、町や村が発達しました。
京都も平安京とはだいぶ様子がちがう都市になって、
町の様子が屏風にえがかれました。
町人、村人、武士、寺院などが、
それぞれ自分たちの世界を発達させました。

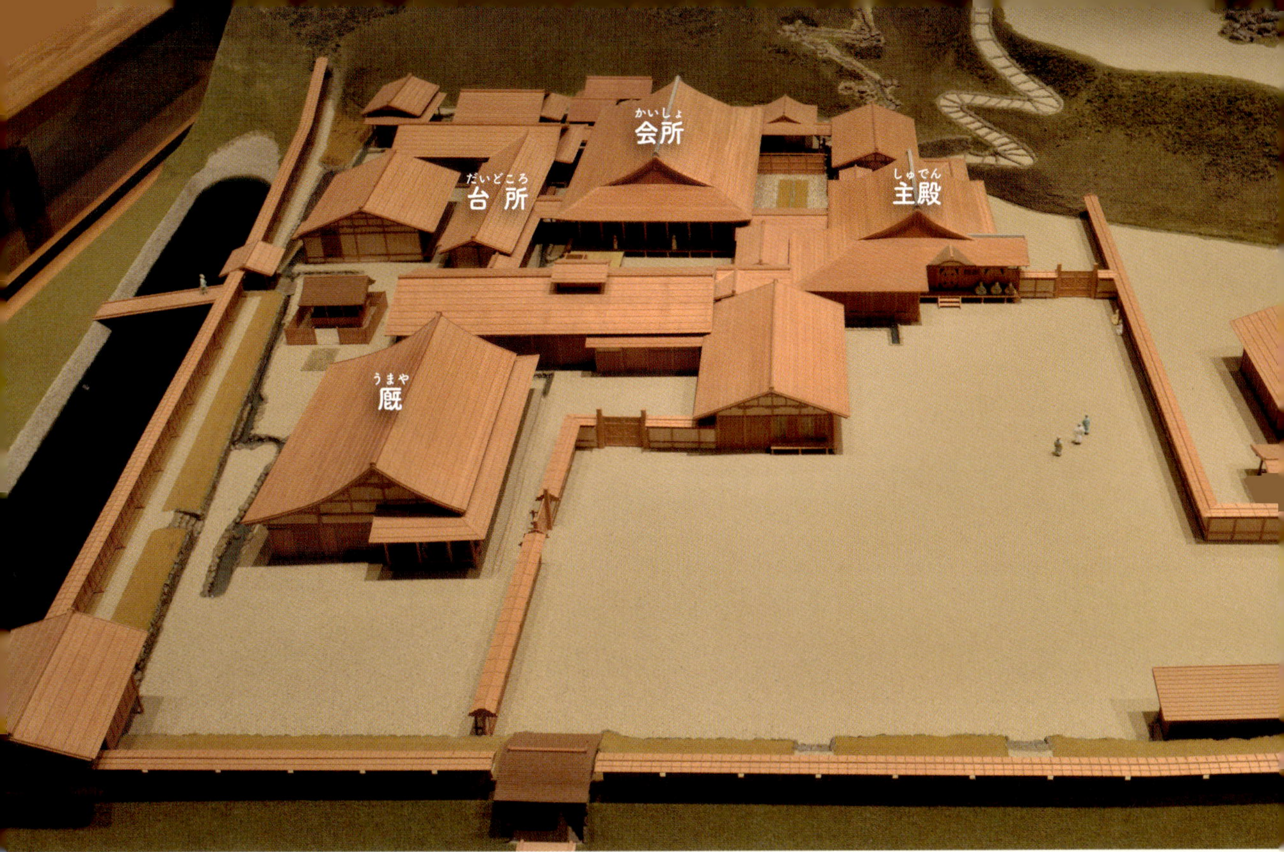

戦国大名の城下町 一乗谷

越前（いまの福井県北部）をおさめた戦国大名、朝倉氏の館です。堀と土塁に囲まれたこの館は、中に入ると、広場があり、お客さんと公式の面会をする**主殿**、宴会をする**会所**、日常生活のための建物などが並んでいました。「洛中洛外図屏風」にえがかれた幕府、つまり将軍の御所や、管領細川氏の館とよく似ています（36～37ページ）。地方の有力な武士も、自分の館を京都の将軍御所にならってつくり、共通する文化をもっていたことがうかがえます。

一乗谷の町の部分です。発掘調査で、数珠屋さん、鉄砲職人など、いろいろな職業の人の家が見つかりました。

谷のなかの町

朝倉氏の城下町、一乗谷（福井市）は、このような山間部の谷筋にあります。朝倉氏の館の跡が中央に見えます。左手の山には山城がありました。かつては谷の外まで、ぎっしりと武家屋敷や町人の家、寺社などが建ち並んでいました。

発掘調査では、生活用具や物を作る道具、材料など、当時のくらしがわかるものが見つかりました。鉄砲玉を作るのに使った鉛や、数珠の玉をみがく砥石などです。

加工途中の破片　未完成品　完成した玉

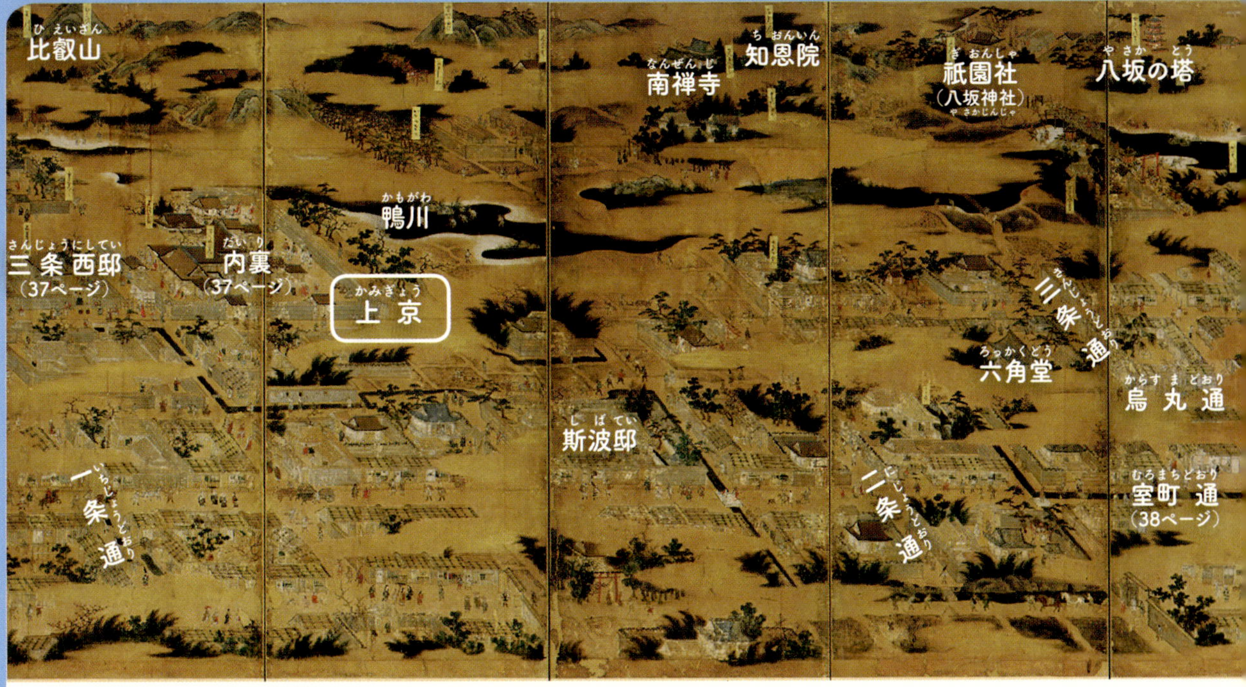

屏風にえがかれた京都① 洛中洛外の名所

京都と周囲（洛中洛外）の名所や人びとのくらしをえがいた「洛中洛外図屛風」は、室町時代の終わりごろから江戸時代にかけてさかんに作られました。この「歴博甲本」は、1525（大永5）年ごろに作られた、現存最古のものです。「右隻」は京都の東側、「左隻」は京都の西側をえがいています。右隻の左はしには内裏が、左隻の右はしには幕府、つまり足利将軍の館がえがかれ、四季の景色や行事も読み取れます。人物は、全部で1426人もいます。

左隻

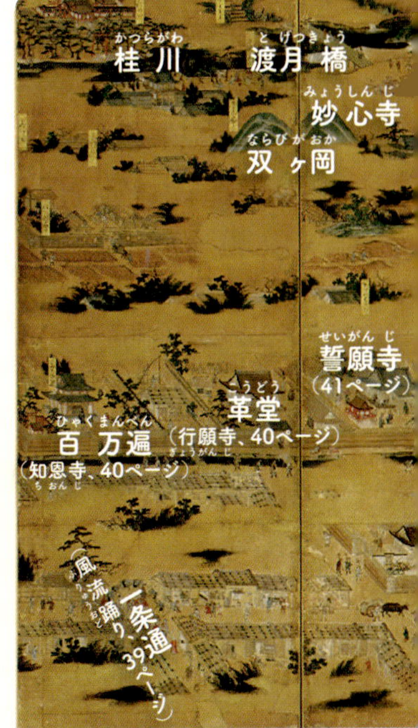

金閣寺

冬の季節をえがいた部分なので雪景色です。洛中洛外図屛風には四季もえがかれています。右隻が春と夏、左隻が秋と冬です。

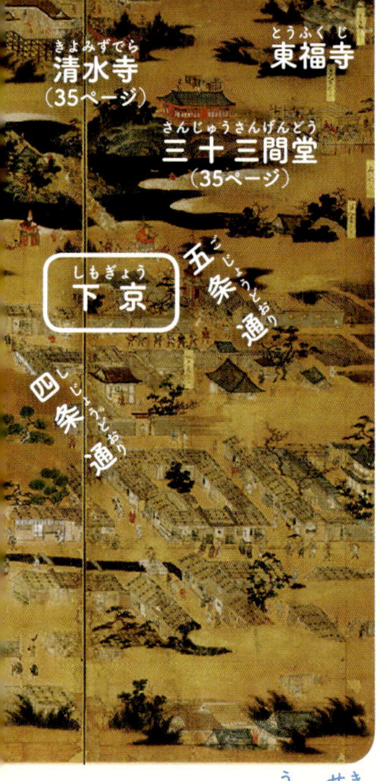

右隻

右隻の上の方、鴨川より東には、今日でも有名な東山の名所がえがかれています。後白河法皇の作った三十三間堂は、いまも同じ建物です。「通し矢」の光景も見られます。清水寺は、形は同じですが、いまの建物は、徳川家光が江戸時代に再建したものです。

北野天満宮

左隻の中ほどには、北野天満宮が大きくえがかれています。いまはない鐘つき堂もあって、神仏混淆だったことがわかります。社僧というお坊さんもいます。

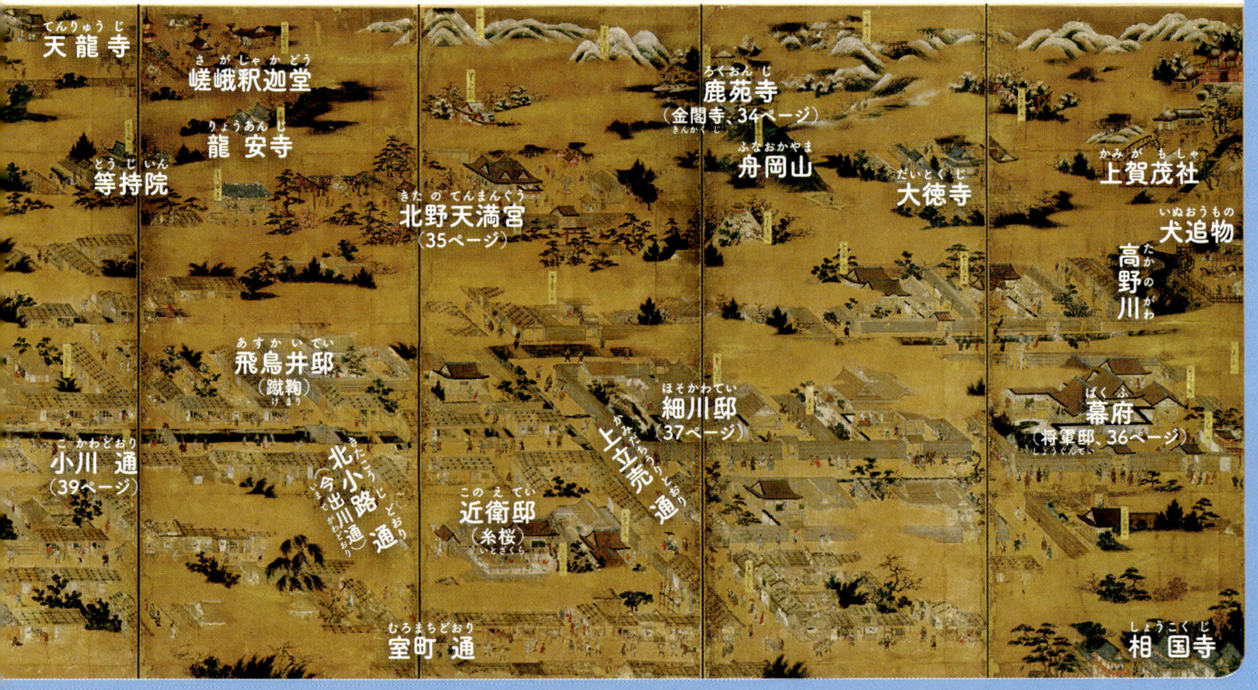

屏風にえがかれた京都②

幕府と武士、内裏と公家

室町時代、京都は日本の政治の中心でした。将軍の幕府と、天皇のいる内裏が、どちらも京都にあった時代です。室町時代の幕府は、第３代将軍足利義満の「花の御所」が有名ですが、実は幕府の場所は何度もかわっていて、「歴博甲本」にえがかれているのは、第12代将軍足利義晴のためにつくられた、「柳の御所」という幕府です。正面からえがかれた室町幕府の絵はこれだけで、建物や庭の様子がよくわかります。

屏風の登場人物

幕府の門前を歩く男性

将軍にあいさつに来た帰りと思われます。顔が白く、位の高い烏帽子（えぼし）なので、公家（くげ）でしょう。

幕府からお出かけする上臈（身分の高い女性）

馬を下りて、幕府の将軍にあいさつに行く武士

※少し復元してきれいにしています。

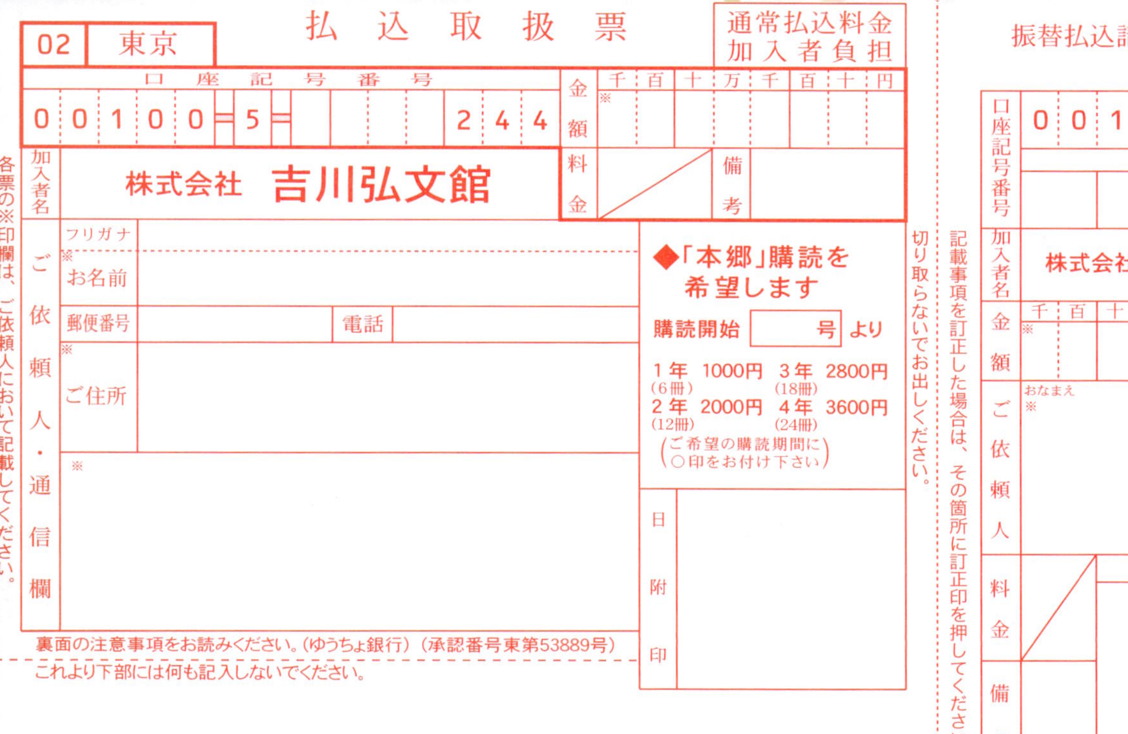

02 東京

払込取扱票

通常払込料金加入者負担

口座記号番号 00100-5-244

金額 千 百 十 万 千 百 十 円

加入者名 株式会社 吉川弘文館

料金

備考

ご依頼人・通信欄
フリガナ
お名前
郵便番号　電話
ご住所

◆「本郷」購読を希望します

購読開始 　号 より

1年 1000円 (6冊)　3年 2800円 (18冊)
2年 2000円 (12冊)　4年 3600円 (24冊)

（ご希望の購読期間に○印をお付け下さい）

日附印

各票の※印欄は、ご依頼人において記載してください。

切り取らないでお出しください。

裏面の注意事項をお読みください。(ゆうちょ銀行)(承認番号東第53889号)

これより下部には何も記入しないでください。

振替払込請求書兼受領証

口座記号番号 00100-5-244　通常払込料金加入者負担

加入者名 株式会社 吉川弘文館

金額 千 百 十 万 千 百 十 円

ご依頼人 おなまえ ※ 様

料金

日附印

備考

記載事項を訂正した場合は、その箇所に訂正印を押してください。

この受領証は、大切に保管してください。

（ご注意）

・この用紙は、機械で処理しますので、金額を記入する際は、枠内にはっきりと記入してください。また、本票を汚したり、折り曲げたりしないでください。

・この用紙は、ゆうちょ銀行又は郵便局の払込機能付きＡＴＭでもご利用いただけます。

・この払込書を、ゆうちょ銀行又は郵便局の渉外員にお預けになるときは、引換えに預り証を必ずお受け取りください。

・ご依頼人様からご提出いただきました払込書に記載されたおところ、おなまえ等は、加入者様に通知されます。

・この受領証は、払込みの証拠となるものですから大切に保管してください。

収入印紙
課税相当額以上
貼　付
印

この用紙で「本郷」年間購読のお申し込みができます。

◆この申込票に必要事項をご記入の上、記載金額を添えて郵便局でお払込み下さい。

◆「本郷」のご送金は、４年分までとさせて頂きます。
※お客様のご都合で解約される場合は、ご返金いたしかねます。ご了承下さい。

この用紙で書籍のご注文ができます。

◆この申込票の通信欄にご注文の書籍をご記入の上、書籍代金（本体価格＋消費税）に荷造送料を加えた金額をお払込み下さい。

◆荷造送料は、ご注文１回の配送につき500円です。

◆入金確認まで約７日かかります。ご諒承下さい。

振替払込料は弊社が負担いたしますから無料です。

※領収証は改めてお送りいたしませんので、予めご諒承下さい。

お問い合わせ　〒113-0033・東京都文京区本郷７—２—８
吉川弘文館　営業部
電話03-3813-9151　FAX03-3812-3544

この場所には、何も記載しないでください。

細川邸

室町幕府の管領、いまの総理大臣のような役割をつとめた、細川氏の館です。将軍の館である幕府と建物や庭の配置がよく似ていますが、屋根は板葺で、幕府の檜皮葺よりランクが下がります。

内裏

内裏は、いまの京都御所と同じ場所です。天皇の住まいである清涼殿や、儀式の場所である紫宸殿などがえがかれています。建物の右側には正月の儀式の様子がえがかれているようです。

三条西邸

内裏の裏にある、三条西さんという公家の屋敷です。家の前では、鶯の鳴き声を競わせる「鶯合わせ」という行事が行われています。

屏風にえがかれた京都③ 町にくらす人びと

四条室町の町なみです。ここは室町時代、京都の繁華街でした。人形は、洛中洛外図屏風「歴博甲本」にえがかれた人物像をもとにしています。このころの京都は、「上京」と「下京」にわかれていました。幕府や内裏、公家の屋敷などがあるのが「上京」で、「下京」にはおもに町人が住んでいました。祇園祭は、この下京の町人たちの祭です（48～49ページ）。

屏風の登場人物

上京の小川通を若い女性と歩く尼さん（中央）。おそらく、家族と外出している「後家尼」さん（夫が亡くなったあと出家した女性）です。家の中で強い力を持っていました。

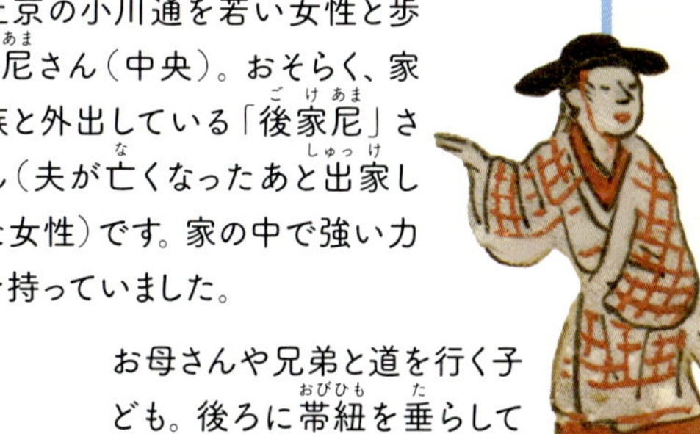

お母さんや兄弟と道を行く子ども。後ろに帯紐を垂らしているのはまだ幼い子どもです。

小川通

こちらは、上京の商業の中心だった、小川通です（いまは「おがわ」と読みますが、昔は「こかわ」でした）。扇屋や、魚の行商がいます。

扇屋

魚の行商

風流踊り

輪になって踊る人たち。7月の場面で、いまの盆踊りの元です。五月女という田植えをする女性のかっこうで踊っていますが、よく見ると髭をはやしたおじさんたちの仮装です。町ごとにいろいろな工夫をして楽しんでいました。

屏風にえがかれた京都④

町のなかの寺院

洛中洛外図屏風「歴博甲本」の上京小川通にならぶ寺院です。左から、百万遍（知恩寺）、革堂（行願寺）、誓願寺です。僧侶や、巡礼の人たちの姿も見えます。お寺のあいだには、お風呂屋さんがあり、つるべ井戸も見えています。

　これらの寺院は、豊臣秀吉の京都改造で別の場所に移され、いまはこの場所にはありません。現地には、地名だけが残っています。

風呂屋とつるべ井戸

山科本願寺

浄土真宗の一向一揆は特に大きな勢力でした。その中心になった山科本願寺の本堂で、たくさんの人が入れる作りになっています。

誓願寺

屏風の登場人物

巡礼
お寺や神社にお参りしながら旅をする人

僧侶

仏教と一揆

室町時代には、仏教が民衆のあいだで力をもち、信仰で結ばれた一揆が大きな勢力になりました。

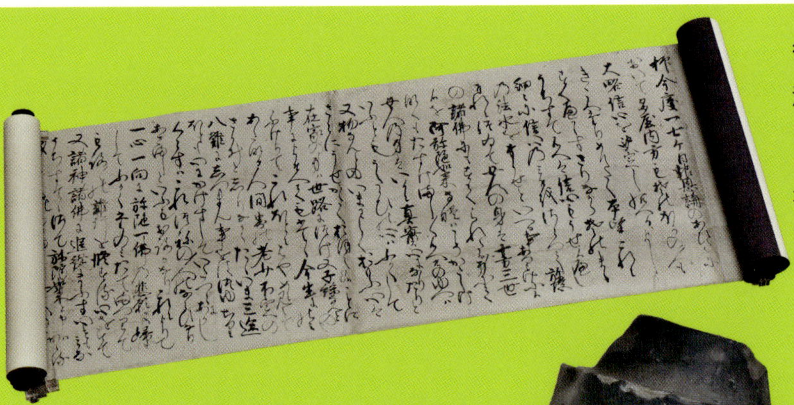

御文

浄土真宗（一向宗）をさかんにした本願寺の蓮如は、教えをわかりやすい言葉で書いて布教しました。仮名で書かれたものもあります。

文字瓦に書かれた弾圧

一向一揆は、天下を統一しようとする織田信長と対立し、越前（いまの福井県北部）では、大名となった前田利家に弾圧されました。その残酷な様子を瓦に書いて後世に残そうとしたものです。

「（天正３年＝1575年に）一揆の1000人ばかりが前田利家殿にとらえられ、はりつけにされたり、釜で焼かれたりしたのです」と書かれているよ。

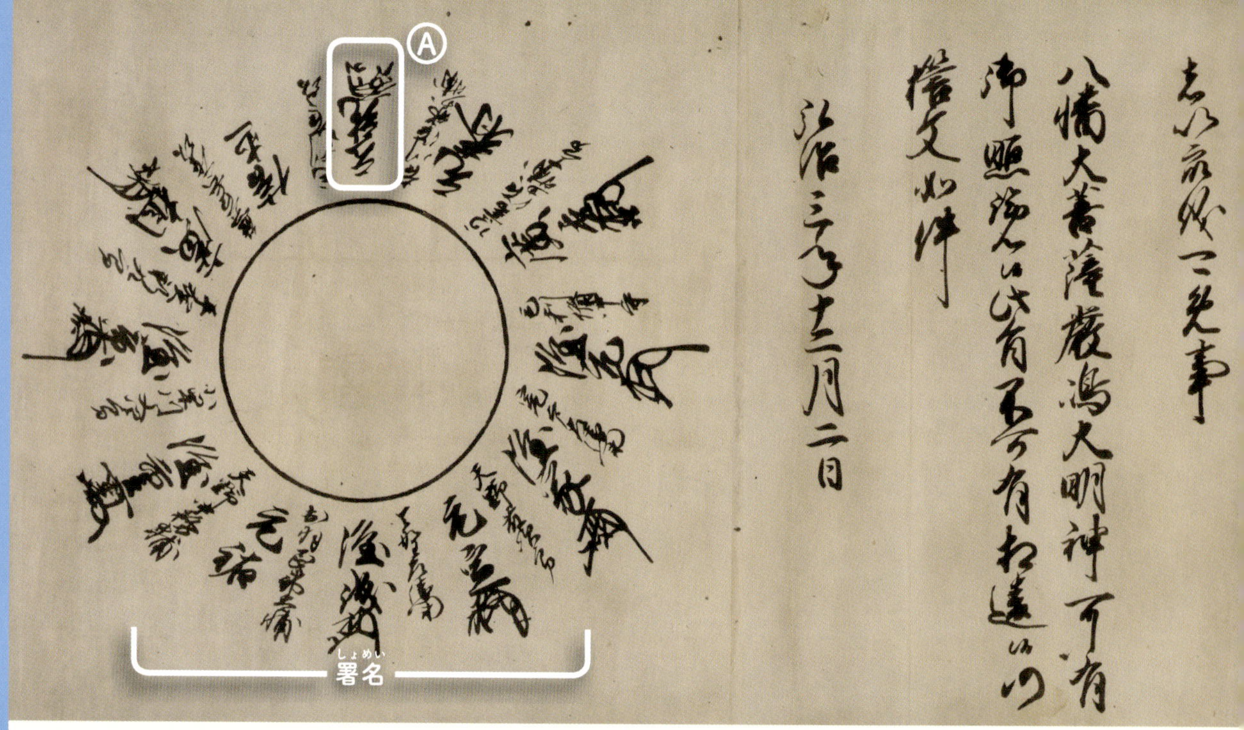

命令と約束 古文書のいろいろ

古文書は、内容や相手との関係によって、見た目のいろいろなちがいがあります。特に名前の書き方などにちがいが表れます。

これは、安芸（いまの広島県）の戦国大名、毛利元就が、一族や家臣たちと出陣した際に、約束ごとを決めた文書です。署名は、横に並べると序列が決まってしまうので、丸く書いています（Ⓐが元就の署名と花押）。対等の立場でないと、自立性の強い家臣は一緒に出陣してくれない、という戦国大名の立場を示しています。

伝馬手形

関東を支配した戦国大名北条氏の「伝馬手形」です。宿場で馬を使うための証明書で、馬の形がある印が押されています。本拠地の小田原（神奈川県）から、佐倉（いまの本佐倉城）に行く使者が使ったものです。

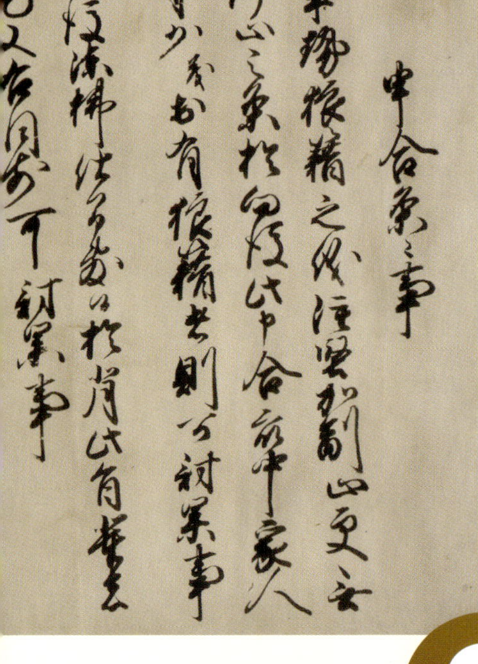

武家の文書

鎌倉幕府第4代将軍、藤原頼経が御家人に出した「下文」です。御家人の所領（領地）を認めた内容で、文書の右はしに花押（サイン）を書いているのは、とてもいばった書きかたです。当時まだ14歳ですが、将軍の権威を表しています。

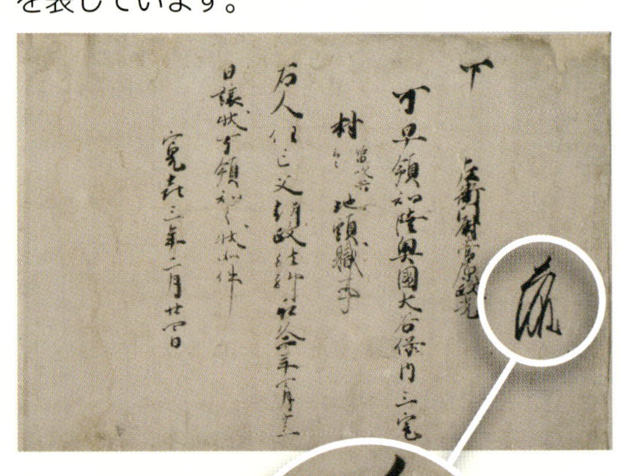

Q 花押ってなに？

A 手紙や文書を出すときは、自分の名前を書いたり、ハンコを押したりします。古文書も、最初は自分の名前を書いていましたが、しだいに形をくずしたサインになりました。これが「花押」で、後には名前とは関係のない形も使われました。

調常と書いてあります。

土地の売券

庶民が土地を売買する際にも、文書が作られました。律令の文書にならった、決まった書きかたがありました。女性が関わった文書には、仮名が使われました。日付けの下に花押（サイン）が見えます。

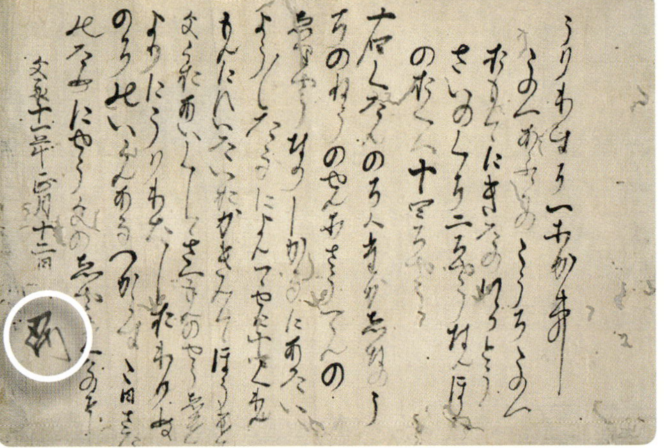

戦いとよろい

上の絵は、平安時代終わりごろの、源頼義・義家父子と東北地方の安倍氏との戦いをえがいた絵巻です。馬に乗った武士どうしが弓で戦っている様子がわかります。

下は、15世紀の関東地方でおこった「結城合戦」という戦争をえがいた絵巻です。戦い方は時代によって変わっていきますが、ここでは、太刀を持った武士たちと、弓を使う武士が、どちらも地面に立って戦っています。馬に乗った武士も、刀や長刀を持っています。かぶとには、「鍬形」という大きなかざりの付いたものが多く見られます。

よろいの作り方

中世のよろいは、革を漆で固めた「札」という小さな板をひもでつなぎ合わせて作られました。ひもの色はさまざまなものが使われました。

よろいを作る職人

「札」をならべて漆で固めたところ。

上下をひもでつなぎ合わせて完成。

当世具足

豊臣氏がほろんだ大坂の陣で使われたと伝えられる、新しいタイプのよろいです。鉄板を使って、鉄砲に対応した作りになっています。個性的なかざりが付いたかぶとも登場しました。

うさぎの耳の形をしたかぶと

大きなムカデのかざりが付いたかぶと

コラム3

『君台観左右帳記』のなかの茶碗

室町幕府8代将軍の足利義政は、応仁の乱を引き起こして政治の混乱を招きました。しかし銀閣寺を建てるなど、芸術面では優れた感性をもっていました。芸術家としての義政を支えた画家の相阿弥は、座敷飾りのマニュアル・ブックである『君台観左右帳記』をあらわしました。そこには、中国製の絵画や陶磁器、漆器など、「唐物」とよばれた数々の名品を、どのように並べるか、どういった唐物が優れているか、などが図入りで記されていて、大名たちはそれを参考に名品を収集しました。「建盞」とよばれた天目茶碗はしばしば登場しますから、さぞかし大切にされたことでしょう。

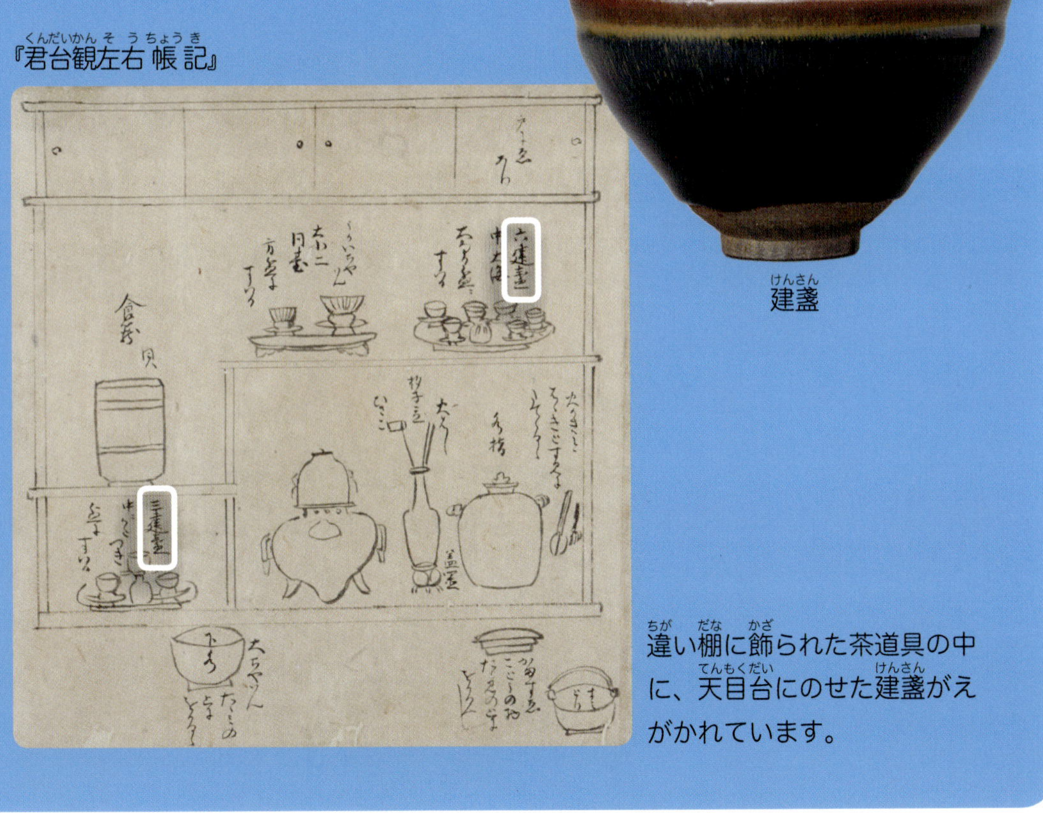

『君台観左右帳記』

建盞

違い棚に飾られた茶道具の中に、天目台にのせた建盞がえがかれています。

4 躍動する民衆

中世は民衆が活躍した時代です。
中世の町を発掘調査すると、
土器や陶磁器が大量に見つかります。
人びとが多くのモノに囲まれて生活していた証しで、
決して戦争や飢饉ばかりの貧しい時代では
ありませんでした。

庶民の祭りだ、祇園祭！

中世都市・京都はさまざまに変化し、戦国時代には北の「上京」と南の「下京」のふたつの地域に人びとが集まるようになりました。下京を支えたのは貴族や武士ではなく、町衆とよばれた庶民たちです。町衆たちは、道路に柵や木戸を設けて、自分たちの町を自分たちで守りました。

もとは国家の祭礼でしたが、町衆によって運営されるようになったものがあります。祇園祭はその代表です。重さ10トン、高さ20メートル以上もある巨大できらびやかな山鉾は、町ごとでもっていました。戦国時代にえがかれた「洛中洛外図屏風」の下京地区には、町を練り歩く函谷鉾や長刀鉾などの姿を見ることができます。

祇園祭函谷鉾

にわとりの鳴き声をまねて、夜閉じている関所・函谷関を開けさせた中国の故事にちなんだ山鉾。てっぺんには山から三日月が出ている様子を表す鉾頭が付いています。現在の祇園祭でも登場します。

中世京都の町

上京と下京は室町通りでつながっています。このころの町は、平安京全体の４分の1の範囲にまとまっていました。

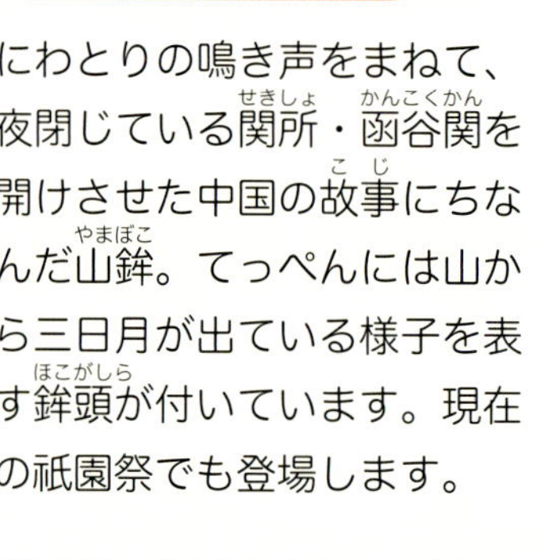
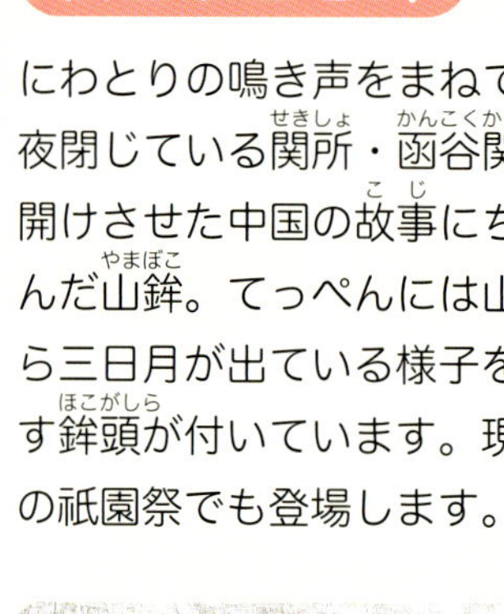
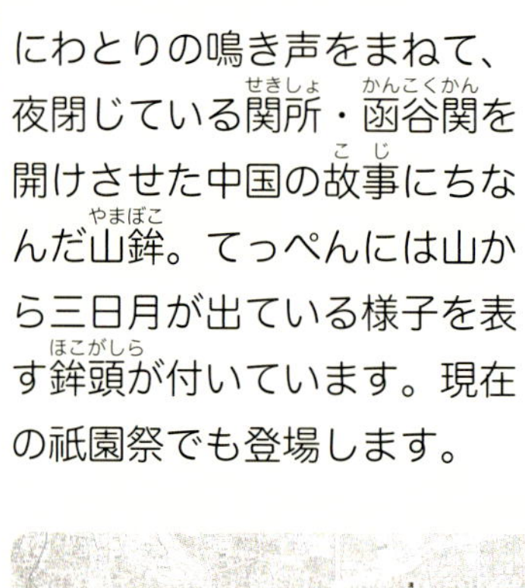

町を守る木戸

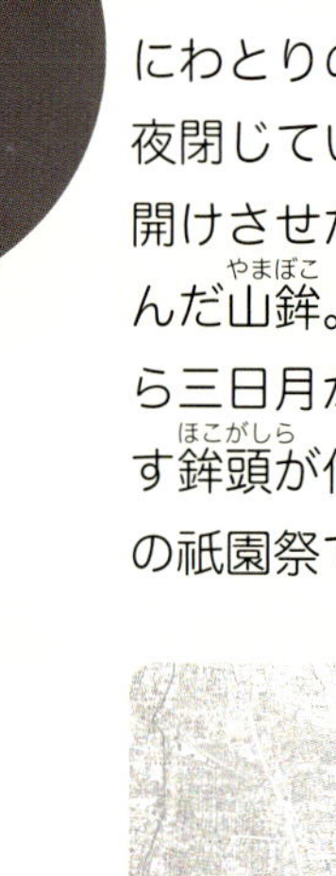

「洛中洛外図屛風」と復元模型の木戸

春日社田楽模型

前に立つ人が鳴らしているのがびんざさら。

年中行事と田楽

奈良県春日若宮のお祭りで現在も行われている田楽です。田楽とは田植えの時に歌い舞って神様にささげた芸能に始まり、中世になってさまざまなお祭りと結びつきました。華やかな衣装を着て、びんざさらを鳴らし、笛や太鼓でにぎやかにはやします。また、小刀や玉などをお手玉のように投げ上げる「品玉」や、つづみのような形のコマにひもを巻き付け空高く投げ上げる「輪鼓」など、中国から伝わった曲芸も演じました。「浦嶋明神縁起絵巻」や「年中行事絵巻」などにその様子がえがかれています。

びんざさら、笛、太鼓でにぎわうなか、小刀や玉、下駄を投げて「品玉」の曲芸を演じています。

「輪鼓」を演じるまわりでは、びんざさら、笛、太鼓がにぎやかにはやし立てて盛りあげています。

展示室でさがしてみよう

左の写真で奥の人がかぶっているのは「風流笠」とよぶよ。

びんざさらを鳴らしてみよう！どんな音がするかな？

「高足駄」という、歯がとても高い下駄をはいているよ！

木材加工の大革命！

木造の建物をつくる大工は「番匠」といいました。烏帽子をかぶり、直垂に袴を着け、刀を差しているのが番匠の正式な格好でした。

木を切る道具には、木目に対して直角に切る横引きのこぎりは古墳時代からありましたが、縦引きのこぎりの大鋸は15世紀になって中国から伝わってきました。それ以前は、ノミを使って木を打ち割って板を作っていましたので、大鋸の登場によって板の加工が格段にやりやすくなりました。また、木材の表面を平らにする台ガンナも室町時代まではなかったので、チョウナで粗削りをし、ヤリガンナで平らに仕上げていました。

写真は大鋸引きの様子です。大鋸は2人がかりで引きました。上にいるのが親方で、下が弟子でしょうか。大鋸を引いて出た「おがくず」は回収して、燃料や湿気止め、蚊よけなどに使いました。

台ガンナ

木の板を作る

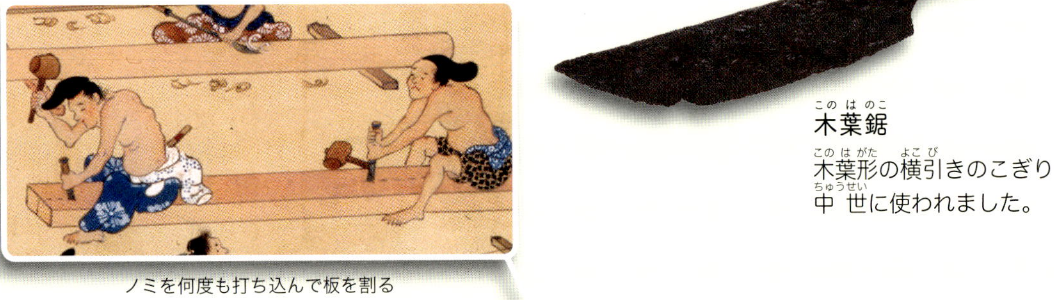

ノミを何度も打ち込んで板を割る

木葉鋸

木葉形の横引きのこぎりも中世に使われました。

チョウナ

ヤリガンナで平らに仕上げる

ヤリガンナ

チョウナで粗削りをする

日本のお金は中国製？

古代の日本では、日本政府が発行した和同開珎などの銅銭が貨幣として使われましたが、しだいに信用がなくなり物々交換の時代に逆もどりしました。中世になると、中国で作られた銅銭が貿易によって大量に日本に入ってくるようになり、それが貨幣として使われるようになります。「皇宋通宝」「開元通宝」「永楽通宝」などさまざまな種類の銅銭が、すべて1枚1文として使われました。ひもに通して100文単位で使うことが多く、絵巻物などにもその様子がえがかれています。しかし遺跡で見つかる銅銭は、1本のひもに97枚しか通していないものが多く、ひもに通して使う場合は97枚で100文とみなしたようです。

道ばたで反物（たんもの）を買う男性

店で銭（ぜに）を数える女性

いろいろな銭

ひもに通した銭
（1000文（もん）=1貫文（かんもん））

ニセ金作り？

銅銭（どうせん）は中国で作られたもののはずですが、日本国内の遺跡（いせき）から銅銭を作るための鋳型（いがた）が見つかります。ニセ金作りをしていたのです！　輸入（ゆにゅう）した中国銭だけでは銅銭が足りなかったため、驚（おどろ）いたことにニセ金も使われました。

お茶でも一杯いかが？

神社やお寺の門前などに、仮設の小屋を建ててお茶を売る「一服一銭」が、15世紀はじめには現われていました。お茶を飲む風習が庶民たちにまで広まっていたことを示します。

「七十一番職人歌合」には、「一服一銭」と「煎じ物売」がペアでえがかれています。「煎じ物売」は湯沸道具と茶碗、お茶や薬などの煎じ物を担いで歩き、お客を見つけてはその場で煎じ物を作って飲ませました。

お茶の葉を粉にして抹茶を作る茶臼も、中国から伝わり、戦国時代にはかなり普及しました。千利休たちが活躍した堺（大阪府）からは、当時の茶臼が発掘調査によって見つかっています。

煎じ物売り

「七十一番職人歌合」の絵から復元した模型。籠に入れた炭を風炉に入れて火をおこし、茶釜で湯を沸かします。ふた付きの曲物には茶碗が入っていて、柄杓ですくった湯を入れました。

「七十一番職人歌合」一服一銭

堺の町で発掘された茶臼

一服一銭茶売請文

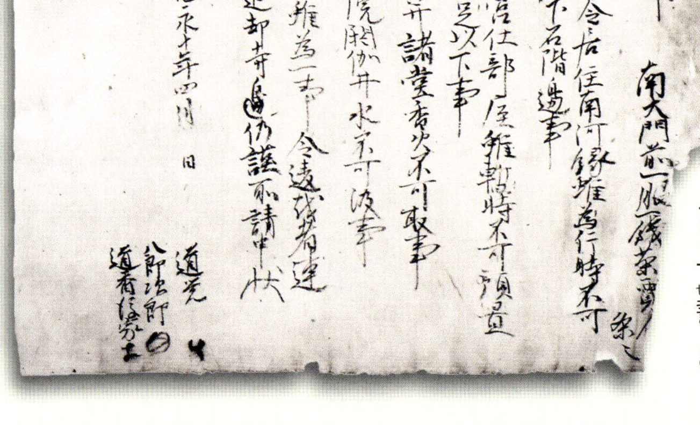

1403（応永10）年、東寺のまわりで一服一銭の商売を許可してもらった誓約書。約束に反して出火騒ぎを起こしたので、翌年追放されました。

山のくらし

京都の北の山奥、近江国（現在の滋賀県）葛川村と伊香立荘が鎌倉時代に領地争いをしていた時に作られた絵図です。左上には、葛川村の中心であった明王院（Ⓐ）がえがかれています。

この絵図には山村のくらしを知る手がかりがかくされています。川の近くには田んぼが広がり、その奥（絵図では手前）には畑が耕されています。山には背の高い木が茂っていますが、里の近くは切られた幹から再び幹や枝が成長してきているまだ低い木で、人びとの生活のために使われているようです。絵図には炭窯がえがかれており、こういった木を焼いて炭を作ったのでしょう。田んぼを耕すだけではなく、さまざまな仕事によって生活を組み立てていた山村の人びとのくらしぶりがうかがえます。

明王院・経塚

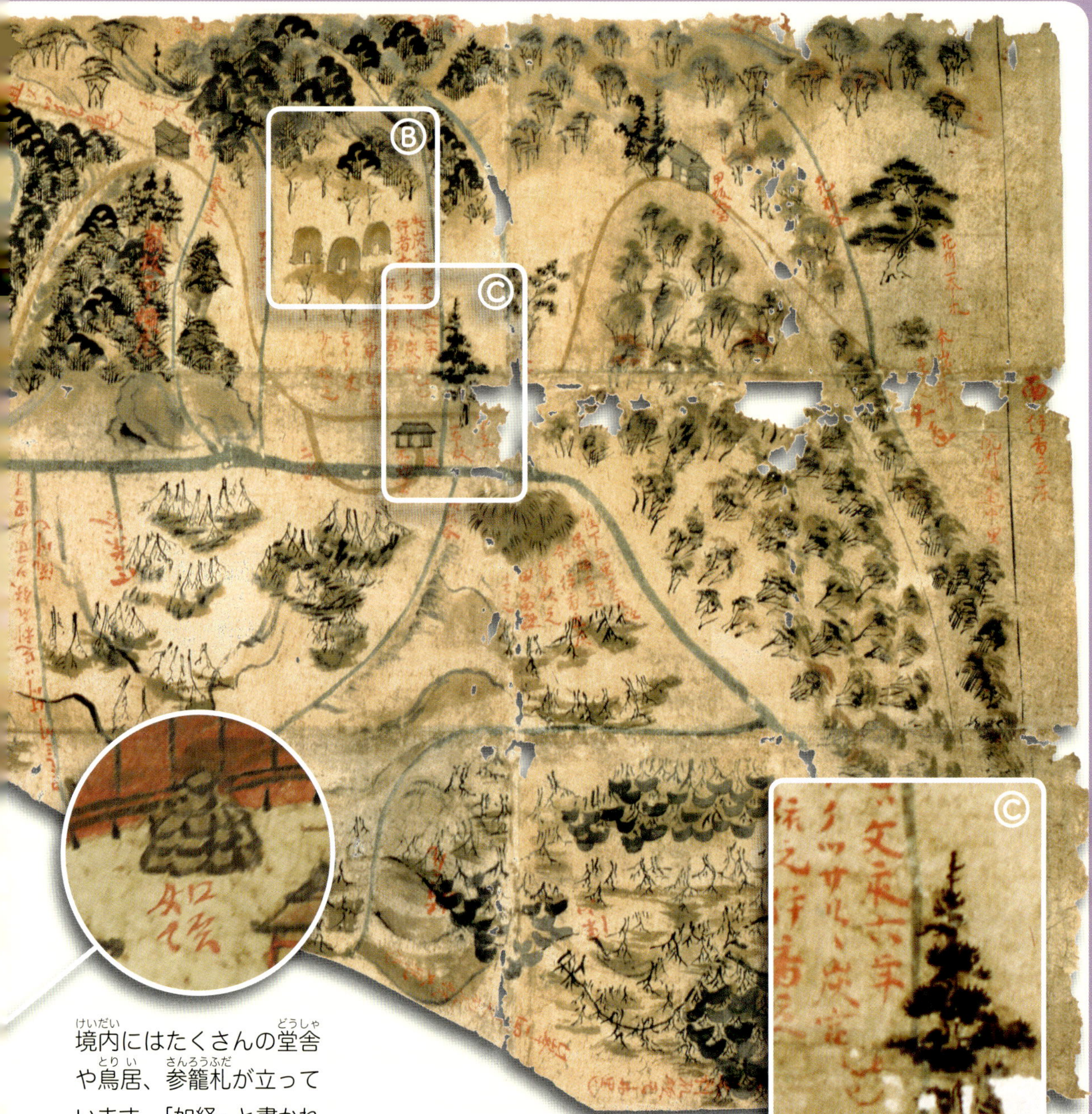

境内にはたくさんの堂舎や鳥居、参籠札が立っています。「如経」と書かれた石塚は、お経を埋めた経塚です。同じような塚がほかにもあります。

炭窯と薪の木

近くの木を切って焼き、炭を作りました。京都の町へ売りに行ったのでしょうか。

下立ノ一本杉

領地争いの目印になった杉の木。ひときわ大きくえがかれています。

稲作農業と技術

中世には水田で米を作るためのさまざまな技術が発達し、米の収穫高が増えました。田の土をやわらかくくだき、平らにならす田おこしや代かきには、牛や馬が使われました。西日本では牛が、東日本では馬が多かったようです。

川の水面が田より低いところでは、水車を使って水をくみあげました。水力自転揚水車は、川の流れを利用して自動で回る水車で、これを見た朝鮮からの使者は感心して報告しています。

西日本では米と麦の二毛作が広まり、これにソバを加えた三毛作が行われたところもありました。また、中国から伝来した「大唐米」という品種の米は、あまりおいしくなかったようですが、日照りや害虫に強かったためにかなり栽培されました。

水力自転揚水車

川の流れを利用して回転し、水車に付けた容器が水をくみあげて、高い田に水を入れます。宋希璟という朝鮮の使者は帰国して朝鮮にも導入しようとしましたが、川の流れがゆるやかだったためか失敗しました。

「洛中洛外図屏風」にえがかれた農業

牛に犂を引かせて耕す

肥料をまく

麦を刈る

広島県草戸千軒町遺跡で見つかった、牛に引かせる犂の先と牛を操るのに使う鼻輪。西日本で牛耕がさかんだったことがわかります。

コラム4

1年の無事をいのる 巻数板

巻数板とは、お経を読んだことを記した板のことです。毎年正月に、その年の無事をいのってお経を読み、そのことを書いた板を屋敷の門に縄をはってつるしました。鎌倉時代の武士の屋敷跡から、般若心経というお経が書かれた巻数板が見つかりました。いまでも村の入口に縄をはって、魔物が入らないようにする風習がありますが、もともとは中世の巻数板からきていると考えられます。

巻数板

中世の絵巻に、巻数板を屋敷の門につるした絵があります。

村の入口にはられた縄には、いろいろなものがつるされています（れきはく第4展示室）。

5

ひろがる世界

世界にはいろいろな国があって、さまざまな人がいます。
外国に出かける日本人もいれば、日本にやってくる外国人もいます。
それは何百年も前の日本も同じですが、
いまとはちがって飛行機なんかありません。
むかしの地図を見てみると、日本のまわりは大きな海ばかりです。
いったいどうやって日本は世界とつながっていたのかな？

大海原（おおうなばら）をわたる！

わたしたちが住んでいる日本は、小さな島が集まってできた国です。まわりには大きな海が広がっています。外国と付きあうためには、船に乗って海をこえなければなりません。でも、船を動かそうにも、いまのようにエンジンやモーターなんかはありません。しかも大きな船になればなるほど、人の力でこぐのはたいへんです。

昔の船の模型（もけい）を見てみましょう。見なれない四角いものが立っていますね。これは帆（ほ）といいます。帆を使って風の力をもらいながら船を動かしていたのです。

ジャンク船

日本と中国のあいだでは、下の絵のような、中国式の船が行ったり来たりしていました。中世前期の日本には船で広い海をわたる技術がなく、中国の船に乗せてもらうしかありませんでしたが、だんだんと自分で大きな船をつくって大海原をわたれるようになりました。

① 船の頭にある目玉を龍眼といいます。船は生きた龍だと考えられていました。

② ジャンク船の帆はすぐれていて、逆風がふいても前にすすめました。

③ 鷹のような鳥がえがかれています。海をわたるのはとてもあぶないので、船乗りたちはいろいろな縁起をかついで安全を祈りました。

④ 船の底に長い木が取りつけられています。龍骨（キール）といいます。これで波を切りながら大海原をわたりました。

⑤ 船のおしりに舵があります。船がすすむ方向を決める大切なものです。舵がこわれたら、船はどこにたどり着くのかわかりません。

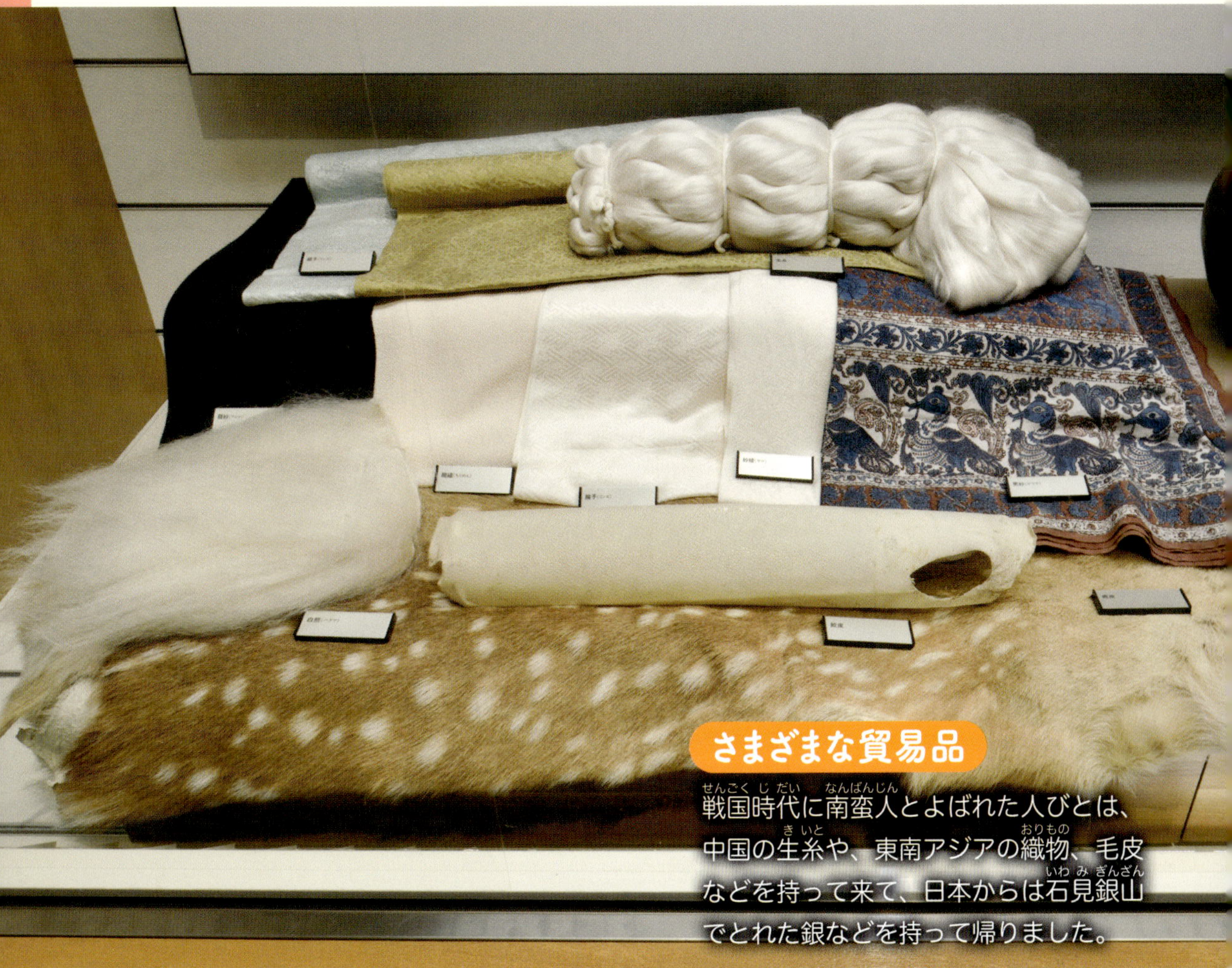

さまざまな貿易品

戦国時代に南蛮人とよばれた人びとは、中国の生糸や、東南アジアの織物、毛皮などを持って来て、日本からは石見銀山でとれた銀などを持って帰りました。

なぜ大海原をわたるのか？

博多（福岡県）や堺（大阪府）の町を発掘調査すると、中国産の陶磁器が大量に出てきます。博多には平安時代の終わりごろには中国人商人が住みついてチャイナタウンができ、日本最大の貿易港としてにぎわいました。

当時の航海は大変危険でしたが、海をわたって運ばれてきたものは日本国内で高く売れたので、多くの貿易船が行き交いました。貿易商人のなかには海賊になる者もいて、倭寇とよばれました。

そのころ、現在の沖縄は、「琉球」という日本とは別の国でした。中国や日本、東南アジアの国ぐにと貿易をして大変栄えました。琉球の都、首里城にかけられた大きな鐘には、「琉球はさまざまな国をつなぐ架け橋である」と書かれています。

中国から運ばれてきた陶器です。貿易品を入れた容器として日本に持ちこまれましたが、「茶壺」として使われて高価な品物に変わりました。

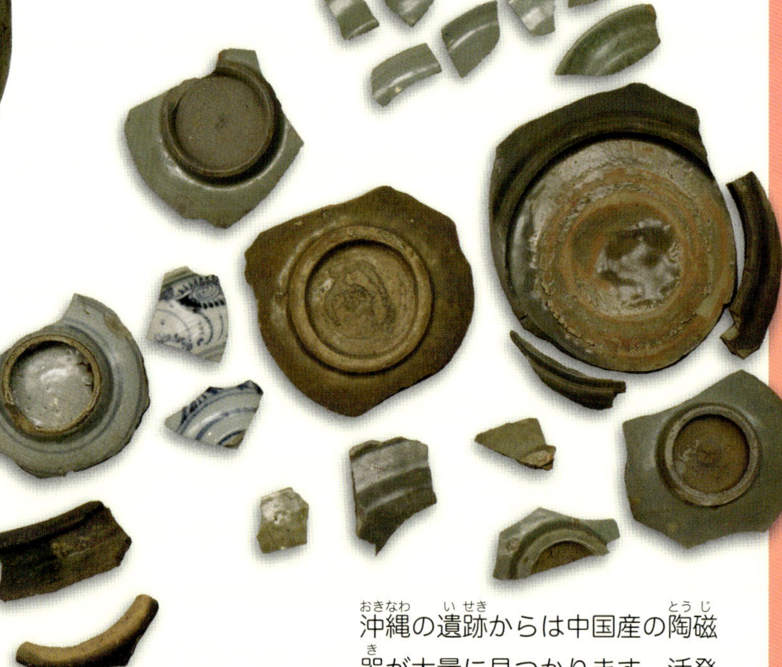

沖縄の遺跡からは中国産の陶磁器が大量に見つかります。活発な貿易の様子がわかります。

万国津梁の鐘

津梁とは、「ものごとの橋わたしになるもの」という意味だよ。

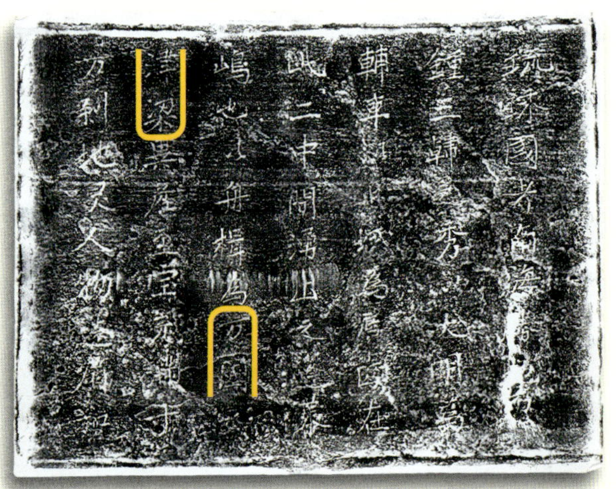

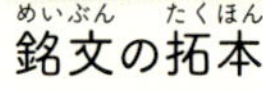

銘文の拓本

地球は丸かった！

遠いヨーロッパにあるポルトガルとスペインは、アジアとの貿易のチャンスをねらっていました。ポルトガルは東のインド洋をこえて、スペインは西の大西洋と太平洋をこえて、どちらが早くアジアにたどり着けるかの競争をはじめました。大航海時代のはじまりです。

アジアをめざす船は、地平線をこえてもこえても、はてしなく地平線に出会います。そして、とうとう東に進んだポルトガル船と西に進んだスペイン船がアジアで出会います。人間が生きている世界は平べったいものではなく本当は丸かった、つまり地球だったということが証明されたのです。

ポルトガルの船

地球儀

世界は丸いものだとわかったので、ヨーロッパでは地球儀が作られるようになり、日本にも持ちこまれました。日本人はどんなにおどろいたことでしょう。

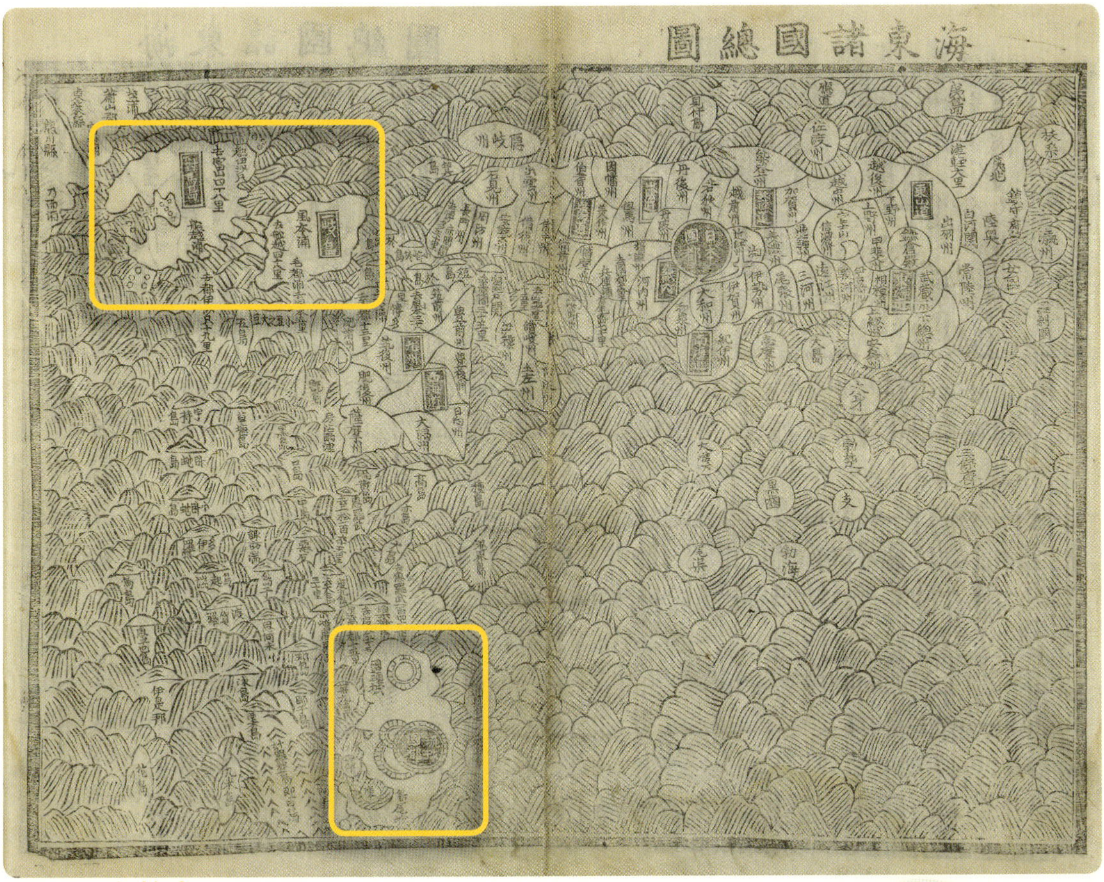

日本と琉球(りゅうきゅう)の地図

これは日本で作られた地図をお手本にして、朝鮮(ちょうせん)で作られた地図です。日本も琉球(りゅうきゅう)（沖縄(おきなわ)）も、ふしぎなかたちをしています。ヨーロッパで作られた地図や地球儀と出会うまで、日本はこのようなかたちをしていると信じられていました。

朝鮮は対馬(つしま)・壱岐(いき)との付きあいが深かったので、本当の島の大きさよりも大きくえがきました。地図の作りかたがいまとはちがったのです。

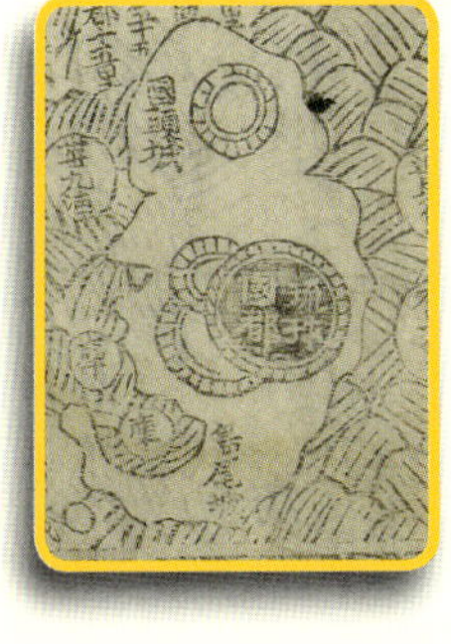

琉球はいまの沖縄県ですが、もともと琉球王国(おうこく)という独立(どくりつ)した国でした。朝鮮は日本と琉球を対等(たいとう)なパートナーにしていたので、琉球を本当の大きさよりも大きくえがいたのでしょう。

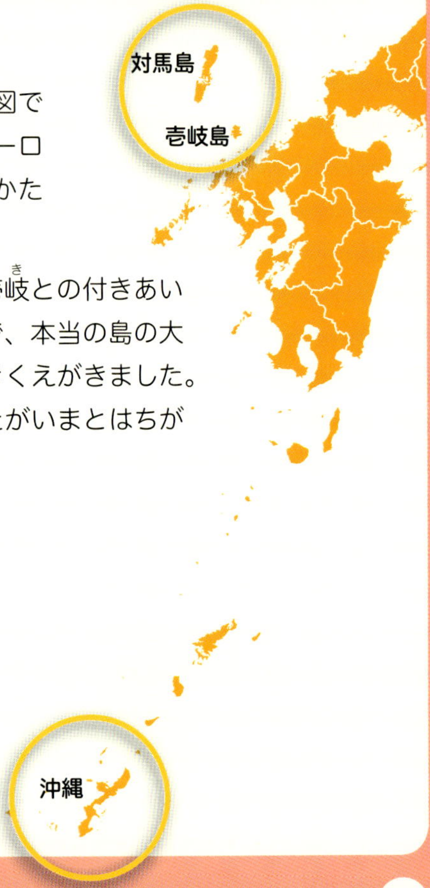

キリスト教との出会い

ポルトガルはスペインより30年以上も早くアジアにたどり着きました。その船には商人だけでなく、キリストの教えを広める宣教師たちも乗っていました。

　キリスト教には、カトリックとプロテスタントというグループがありますが、大航海時代のヨーロッパでは、プロテスタントが力をもっていました。そのため、カトリックのなかでもイエズス会の宣教師たちは、ヨーロッパをとびだして、キリストの教えをアジアに広めようとしたのです。こうして日本はキリスト教と出会いました。

京都の南蛮寺

古くから日本では仏教が信じられてきました。はじめて出会ったキリスト教は、仏教のひとつだと受けとめられ、教会は「南蛮寺」とよばれました。黒い服を着た人たちが宣教師です。

マリア十五玄義図

キリスト教徒は、キリストや聖母マリアをえがいた図を拝みます。これはキリストがこの世に生まれてから亡くなるまでのストーリーを15の絵であらわしたものです。日本で江戸時代のはじめごろに作られました。

遺跡で発掘されたもの

日本の遺跡からロザリオのビーズや十字架、メダイなどが見つかることがあります。博多の町の遺跡からはメダイと十字架を一緒に作るための鋳型も見つかりました。

ロザリオ

キリスト教徒がいのりに使う道具です。ビーズをつないで輪をつくり、その先に十字架をとりつけます。お守りのメダイをつけることもあります。このロザリオは江戸時代の終わりごろのものです。

鉄砲はどこから来た？

ポルトガルの商人たちは強力な武器をもっていました。そう、鉄砲です。

1543（天文12）年、九州の種子島に中国のジャンク船が流れ着きました。そこには中国の商人たちがたくさん乗っていましたが、2人のポルトガルの商人もまじっていて、種子島時尭に鉄砲をゆずりました。これが鉄砲伝来です。

この鉄砲はヨーロッパで作られたのではなく、東南アジアのマラッカ（いまのマレーシア）で作られたものでした。このころポルトガルはマラッカを治めていて、アジアに向かうための基地としていました。

火縄銃

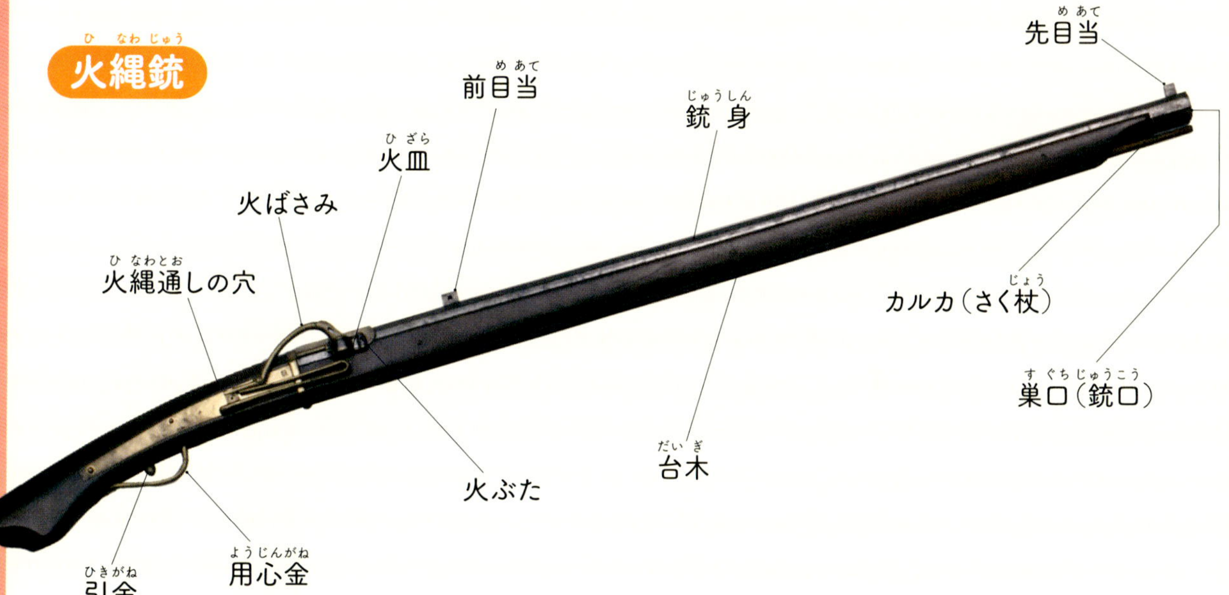

鉄砲の弾をとばすには火薬に火をつけて爆発させなければなりません。まず「火縄」を「火縄通しの穴」からとおします。つぎに「火ばさみ」で「火縄」をはさみ、火をつけます。そして、「引金」をひくと、「火ばさみ」が下に動いて、「火皿」の火薬に火がつき、爆発するのです。このため鉄砲は火縄銃ともいいます。

火縄

マラッカタイプの火縄銃

堺筒

紀州筒

薩摩筒

種子島に伝わった鉄砲は、すぐに日本のあちこちで作られるようになりました。なかでも薩摩（鹿児島）、堺（大阪）、紀伊（和歌山）の鉄砲が有名です。戦国大名たちは戦いに鉄砲を使うようになり、戦いかたも大きく変わりました。そして、天下統一までのスピードがアップしたのです。やがて平和な江戸時代がおとずれると、砲術が武芸のひとつになり、たくさんの秘伝書がつくられました。

砲術を伝える稲富流の秘伝書

鉄板をはりめぐらしたよろい・かぶと

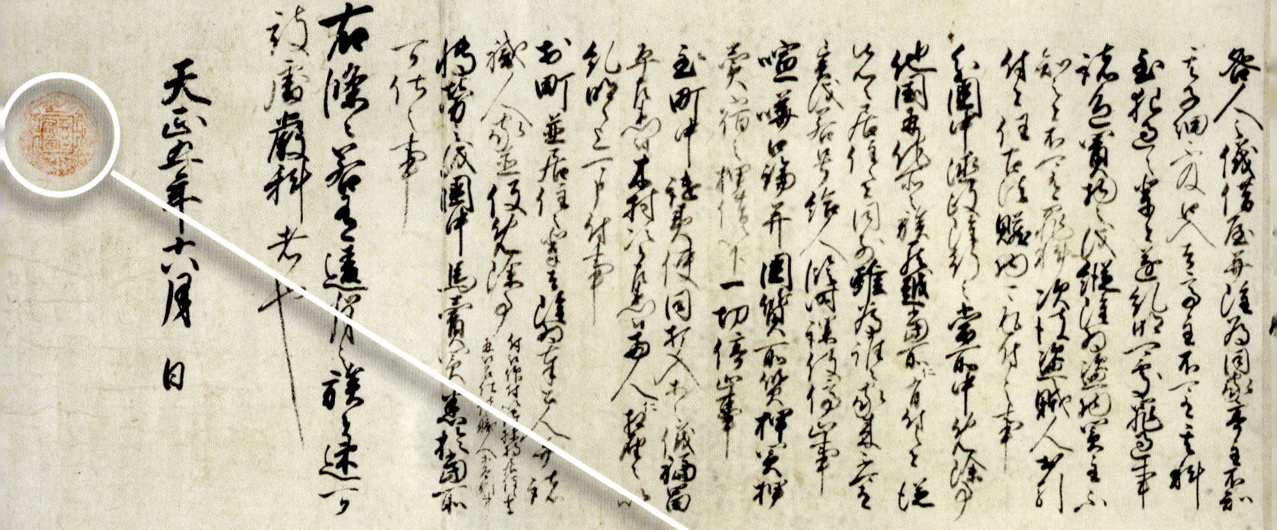

天下統一と城

戦国時代から安土桃山時代にかけて、商業がさかんになり、各地で新しい町が発達しました。織田信長がつくった城下町安土もその一つで、そこには「楽市令」とよばれる掟書が出されて、自由な商売や、住民の保護が保証されました。文書の最後には、「天下布武」という信長のスローガンを彫った印が押されています。

天下布武と書いてあります。

安土城の金箔瓦

安土城の軒先に使われていた瓦が発掘され、それを元に復元したものです。丸い瓦の正面の模様のまわりに金箔をはって、豪華な雰囲気を出しています。

戦国大名の印

戦国大名は、花押でサインするかわりに、印（ハンコ）をよく使うようになりました。自分の理想を文字や形で表すことが多く、織田信長は「天下に武を布く」（武力で世の中をおさめる）という意味の印を使いました。安土あてのものは、まわりを2ひきの龍が囲んでいます。

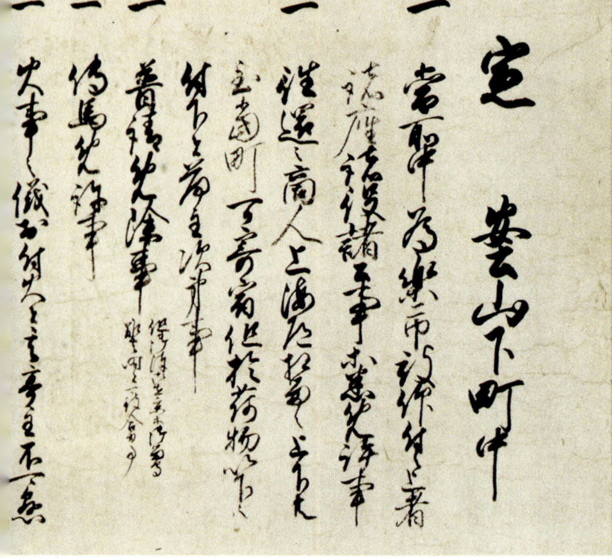

安土城ってどんな城？

織田信長が築いた安土城は、現在の滋賀県近江八幡市にありました。城下町がつづく安土山の上には、天主がそびえていました。記録にもとづいて、CG（コンピュータ・グラフィックス）で復元した図です。

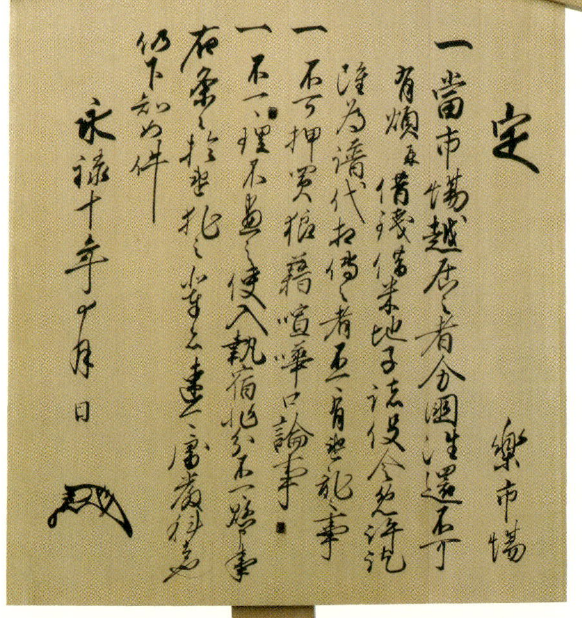

岐阜楽市場制札

織田信長が安土に城下町をつくる前、岐阜の城下に出した掟書です。木の札に書いて市場に立て、ここに集まって商売をすることを呼びかけています。

外国からのメッセージ

世界のなかで国と国が付きあうことを外交といいます。たいてい外交は、国の代表者がするものです。しかし、代表者がわざわざ外国に出向いて会うことはほとんどないので、自分のメッセージを書いた手紙を用意して、お使いの人にもっていかせました。その手紙には自分と相手との関係がわかるような工夫がされていて、文字だけでなく、模様にもいろいろなメッセージがこめられています。

上の写真は中国（明）の皇帝が豊臣秀吉を日本国王に任命するために送ったメッセージです。ふつうメッセージは紙に書かれますが、これは色とりどりのりっぱな織物に書かれています。

れきはくにある複製品

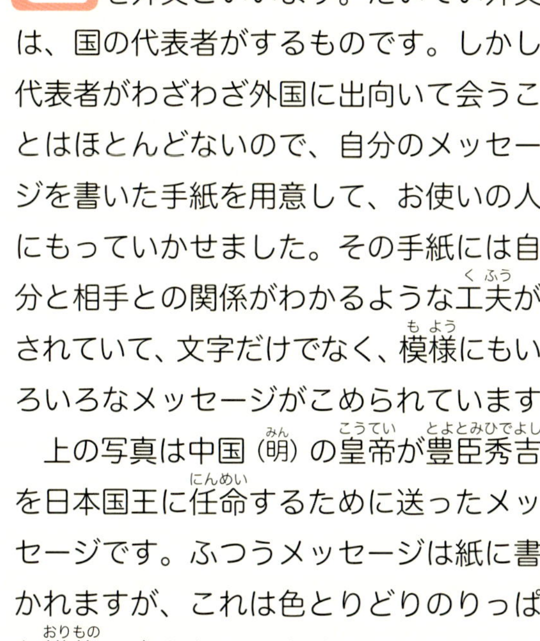

背景には鶴と雲、2つのおめでたい模様が見えます。この組み合わせは、皇帝が国王にメッセージを送るときに使われたよ。

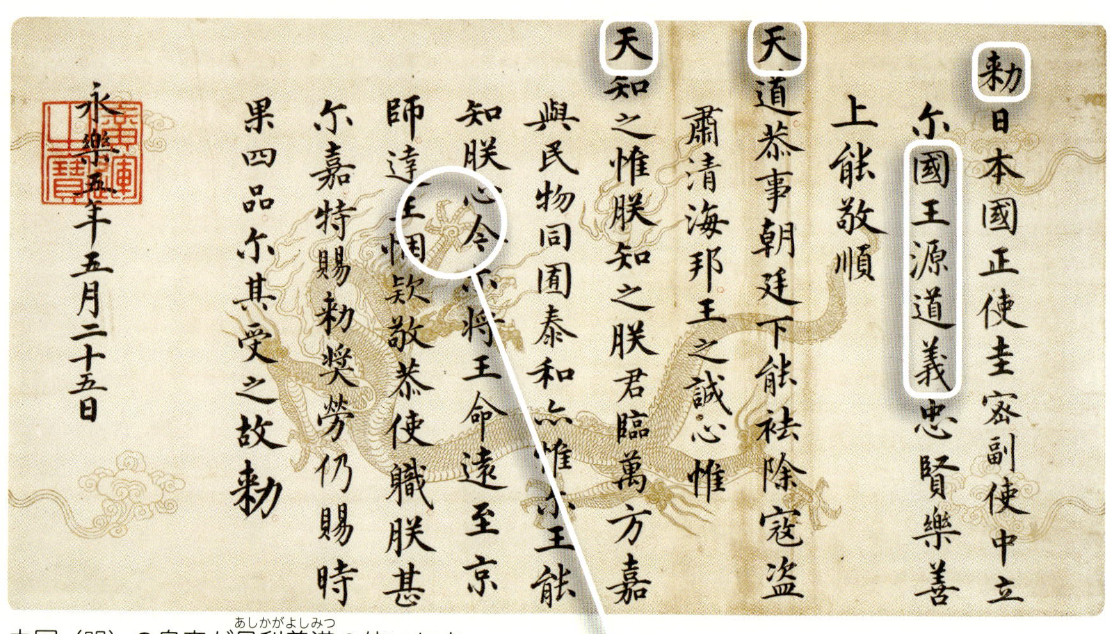

勅日本國正使圭密副使中立
尓國王源道義忠賢樂善
上能敬順
天道恭事朝廷下能祛除寇盜
肅清海邦王之誠心惟
天知之惟朕知之朕君臨萬方嘉
與民物同囿泰和亦惟尓王能
知朕心今尓將王命遠至京
師達王悃欵敬恭使職朕甚
尓嘉特賜勅奬勞仍賜時
果四品尓其受之故勅
永樂五年五月二十五日

中国（明）の皇帝が足利義満の使いにあたえたメッセージ。皇帝の命令は「勅」といい、ほかの文字より高く書かれています。また、皇帝は天から任命された天子だと考えられていたので、「天」の文字がいちばん高く書かれています。皇帝は国王よりも上だといいたいのです。

金色でえがかれた龍の足の爪は5本あります。5本爪の龍は皇帝だけが使え、国王は3本爪か4本爪の龍しか使えませんでした。

南蛮船が運んだ文化

日本の港に着いた2隻の黒い船は、「南蛮船」とよばれたポルトガルやスペインの船です。たくさんの荷物を積み降ろして小舟で陸に運んでいる様子がえがかれています。南蛮船は、中国からの生糸や、日本からの銀や硫黄などをおもに運びましたが、そのほかにヨーロッパや東南アジアの美しい織物、ガラス製品、地球儀、香辛料、タバコ、めずらしい動物なども運んできました。

西洋人との交易がさかんになるにつれ、国内では、南蛮人のすがたをデザインにしたりヨーロッパ風の服を身につけたりする南蛮趣味が流行し、日本からも、日本刀や漆ぬりの工芸品などが輸出されて、活発な文化の交流がみられました。

見なれない服装の南蛮人が行列しながら教会に向かっています。黒い僧衣の宣教師が門のところにむかえに来ています。

文化の交流

キリスト教の信者でなくても十字架を首からかけるファッションや、十字架をデザインした模様が流行しました。

西洋人の注文で作られた漆器は、日本の特産品としてヨーロッパやインド、メキシコにも輸出されました。黒い漆に、金色の蒔絵や、貝がらをはめる螺鈿という技法で、はなやかにかざられています。

先頭で傘を差しかけられている人物は南蛮船の船長（カピタン）です。

南蛮人はスマートなすがたの洋犬も連れてきました。

図版一覧

・図版は原則としてページ左上から右下の順に列挙した。
・特に記載がないものは国立歴史民俗博物館蔵または提供。（一部、展示していない資料もあります）

第2展示室へようこそ

中世の農民、貴族の服装、直垂姿の中世武士（以上、復元）

1 都で花開いた貴族の文化

扉「隆房卿艶詞絵巻」
p.2〜3 平安京周辺の地形模型、平安京左京・右京図（複製、原品は東京国立博物館蔵）
p.4〜5 東三条殿（復元模型）
p.6〜7『類聚雑要抄』巻第二、御帳台（復元）、寝殿の室内（復元）
p.8〜9 貴族の服装（復元）
p.10〜11「年中行事絵巻」巻一　朝覲行幸（個人蔵）、「愚昧記」、『源氏物語』若菜上、「延喜式」巻第五十
p.12〜13「地獄草紙」雨炎火石（東京国立博物館蔵）、藤原道長経筒（複製、原品は金峯神社蔵）、『御堂関白記』（複製、原品は陽明文庫蔵）、経塚資料コレクション
p.14〜15 宋版『史記』、春日版版木（複製）と版木製作工程模型（いずれも原品は興福寺蔵）、『大学衍義』、駿河版活字（複製、原品は凸版印刷株式会社 印刷博物館蔵）、『日本書紀』
コラム1『類聚雑要抄』巻第一下、「たいけんれきはく」中世の食事キット

2 武士の時代の幕開け

扉「前九年合戦絵詞」
p.18〜19 鎌倉周辺の地形模型
p.20〜21「蒙古襲来絵詞」（宮内庁三の丸尚蔵館蔵）、今小路西遺跡遺構（鎌倉市教育委員会提供）、鎌倉出土遺物（一部複製、鎌倉市教育委員会蔵）、六条八幡宮造営注文
p.22〜23 武士の館（復元模型、展示より）
p.24〜25「武蔵国鶴見寺尾絵図」（複製、原品は神奈川県立金沢文庫蔵）
p.26〜27 瀬戸内海航路地形模型（展示より）、「兵庫北関入舩納帳」（複製、原品は京都市歴史資料館蔵）、平泉全景（平泉町教育委員会提供）、白磁四耳壺（岩手県教育委員会蔵）、常滑大甕、土器、捨てられた土器（以上、平泉町教育委員会蔵）
p.28〜29 草戸千軒町遺跡全景（井手三千男撮影、広島県立歴史博物館提供）、草戸千軒町遺跡実物大復元模型（同館提供）、草戸千軒町遺跡出土遺物（同館蔵）、十三湊遺跡遠景（五所川原市教育委員会提供）、十三湊遺跡出土遺物（同委員会蔵）
コラム2「一遍聖絵」（清浄光寺（遊行寺）蔵）、坊城館整備状況、坊城館跡復元イラスト（以上、胎内市教育委員会提供）

3 戦国大名と町のくらし

扉「洛中洛外図屏風」歴博甲本
p.32〜33 一乗谷朝倉氏館、一乗谷町家（以上、復元模型、展示より）、一乗谷全景（福井県立一乗谷朝倉氏遺跡資料館提供）、一乗谷出土遺物（複製、原品は同館蔵）
p.34〜37「洛中洛外図屏風」歴博甲本
p.38〜39 京の町家（復元模型、展示より）、「洛中洛外図屏風」歴博甲本
p.40〜41「洛中洛外図屏風」歴博甲本、山科本願寺本堂（復元模型）、御文（複製、原品は専光寺蔵）、一向一揆文字丸瓦（複製、原品は越前市教育委員会蔵）
p.42〜43 毛利元就他契状（複製、原品は毛利博物館蔵）、北条家伝馬手形、藤原頼経袖判下文、高階氏女屋地売券
p.44〜45「前九年合戦絵詞」、「結城合戦絵詞」、「七十一番職人歌合」（模本、東京国立博物館蔵／Image: TNM Image Archives）、鎧製作過程（復元品）、色々威腹巻大袖付、横矧二枚胴具足、銀箔押張懸兎耳形兜、鉄一枚張南蛮鎖兜
コラム3『君台観左右帳記』、天目茶碗 建窯

4 躍動する民衆

扉 備前国福岡市（模型、展示より）
p.48〜49「洛中洛外図屏風」歴博甲本、祇園祭函谷鉾（復元模型）、中世京都町組関係地図（京都市発行の都市計画基本図（縮尺1/10,000）を参考にして作成）、「洛中洛外図屏風」歴博甲本、京の町家（復元模型、展示より）
p.50〜51 春日社田楽（模型）、「浦嶋明神縁起絵巻」（複製、原品は浦嶋神社蔵）、「年中行事絵巻」（複製、原品は京都市立芸術大学芸術資料館蔵）、びんざさら
p.52〜53 大鋸引き（復元模型、展示より）、台ガンナ、「春日権現霊験記」（模本、東京国立博物館蔵／Image: TNM Image Archives）、木葉鋸（複製、原品は二戸市教育委員会蔵）、チョウナ（復元）、ヤリガンナ（復元）
p.54〜55 備前国福岡市（模型、展示より）、古銭、一貫文緡（北杜市教育委員会蔵）、銅銭鋳型（複製、原品は京都市埋蔵文化財研究所蔵）
p.56〜57「観楓図屏風」（東京国立博物館蔵／Image: TNM Image Archives）、「七十一番職人歌合」煎じ物売・一服一銭（模本、東京国立博物館蔵／Image: TNM Image Archives）、煎じ物売り（復元模型、展示より）、茶臼（複製、原品は堺市教育委員会蔵）、一服一銭茶売請文（複製、原品は京都府立総合資料館蔵）
p.58〜59 近江国葛川明王院領絵図（複製、原品は葛川明王院蔵）
p.60〜61 水力自転揚水車（復元模型、展示より）、「石山寺縁起」（石山寺蔵）、「洛中洛外図屏風」歴博甲本、犂・鼻輪（複製、原品は広島県立歴史博物館蔵）
コラム4 巻数板（複製、金沢市提供）、「法然上人絵伝」（知恩院蔵）、れきはく第4展示室

5 ひろがる世界

扉 テイセラ日本図 1595
p.64〜65 御朱印船（推定復元模型、展示より）、寧波船（複製、原品は松浦史料博物館蔵）
p.66〜67 海外貿易品関係資料（複製）、茶壺、中国産陶磁器（沖縄県立埋蔵文化財センター蔵）、万国津梁の鐘（沖縄県立博物館・美術館蔵）、銘文拓本
p.68〜69「南蛮屏風」よりポルトガル船、地球儀（複製、原品は天理大学附属天理図書館蔵）、『海東諸国紀』より「海東諸国総図」（東京大学史料編纂所蔵）
p.70〜71「都の南蛮寺図」（神戸市立博物館蔵／Photo: Kobe City Museum／DNPartcom）、「マリア十五玄義図」原田家

本（複製、原品は京都大学総合博物館蔵）、ロザリオ（東京国立博物館蔵／Image: TNM Image Archives）、メダイ・十字架鋳型、メダイ（以上、複製、原品は福岡市教育委員会蔵）
p.72〜73 火縄銃（国友筒）、火縄、マラッカタイプ火縄銃、火縄銃（堺筒）、火縄銃（紀州筒）、火縄銃（薩摩筒）、「稲富流秘伝書」、鋳地五枚胴具足
p.74〜75 安土山下町中掟書（複製、原品は近江八幡市立資料館蔵）、安土城跡出土金箔瓦（復元、原品は滋賀県安土城郭調査研究所蔵）、安土城CG復元図、織田信長掟書制札（複製、原品は円徳寺蔵）
p.76〜77 綾本墨書明王贈豊太閤冊封文（大阪歴史博物館蔵）、同前（複製）、紙本墨書明王勅書（複製、原品は相国寺蔵）
p.78〜79 「南蛮人来朝図屏風」、花クルス螺鈿蒔絵鞍、花樹草花蒔絵螺鈿洋櫃

表紙

（表）「洛中洛外図屏風」歴博甲本
（裏）色々威腹巻大袖付（盛上黒漆小札）
大鋸引き（復元模型）

参考図書 もっと知りたいときのために

安達裕之『調べ学習日本の歴史15　日本の船の研究』ポプラ社、2001年
石井進・大三輪龍彦『よみがえる中世3　武士の都 鎌倉』平凡社、1989年
海野一隆『地図に見る日本―倭国・ジパング・大日本』大修館書店、1999年
江口正一『日本の美術144　踏絵とロザリオ』至文堂、1978年
遠藤元男『ヴィジュアル史料 日本職人史1　職人の誕生（古代・中世編）』雄山閣出版、1991年
小野正敏・水藤真『よみがえる中世6　実像の戦国城下町 越前一乗谷』平凡社、1990年
小和田哲男『戦国武将「変わり兜」大全集』双葉社、2015年
葛川絵図研究会『絵図のコスモロジー』上・下巻、地人書房、1988・1989年
川本重雄・小泉和子『類聚雑要抄指図巻』中央公論美術出版、1998年
菊池徹夫・福田豊彦『よみがえる中世4　北の中世 津軽・北海道』平凡社、1989年
京都国立博物館『洛中洛外図 都の形象―洛中洛外の世界』淡交社、1997年
小泉和子『図説 日本インテリアの歴史』河出書房新社、2015年
国立歴史民俗博物館『歴史のなかの鉄炮伝来』2006年
小島道裕『中世の古文書入門―読めなくても大丈夫！』河出書房新社、2016年
小島道裕『洛中洛外図屏風―つくられた〈京都〉を読み解く』吉川弘文館、2016年
荘園絵図研究会『絵引 荘園絵図』東京堂出版、1991年
髙田倭男『服装の歴史』中央公論社、1995年
高橋慎一朗・高橋典幸・末柄豊『Jr.日本の歴史3　武士の世の幕あけ―鎌倉時代から室町時代』小学館、2010年
藤井恵介・玉井哲雄『建築の歴史』中央公論社、1995年
松下正司『よみがえる中世8　埋もれた港町 草戸千軒・鞆・尾道』平凡社、1994年
三浦正幸『ビジュアル事典 日本の城』岩崎書店、2017年
三上喜孝・藤森健太郎『Jr. 日本の歴史2　都と地方のくらし―奈良時代から平安時代』小学館、2010年
村井章介『世界史のなかの戦国日本』筑摩書房、2012年
『週刊 新発見！日本の歴史15（平安時代3）天皇と貴族の24時間365日』朝日新聞出版、2013年
『復元の日本史 王朝絵巻―貴族の世界』毎日新聞社、1990年

企画統括 藤尾慎一郎（国立歴史民俗博物館 研究部教授〈先史考古学〉）

本巻編集 田中大喜（国立歴史民俗博物館 研究部准教授〈日本中世史〉）

執筆者（五十音順・数字は担当ページ）

青山宏夫（国立歴史民俗博物館 研究部教授〈歴史地理学〉・24〜25）

荒木和憲（国立歴史民俗博物館 研究部准教授〈日本中世史・東アジア交流史〉・63〜65、68〜73、76〜77）

小倉慈司（国立歴史民俗博物館 研究部准教授〈日本古代史・史料学〉・10〜11、14〜15）

小島道裕（国立歴史民俗博物館 研究部教授〈日本中近世史〉・31〜45、74〜75）

澤田和人（国立歴史民俗博物館 研究部准教授〈染織史・服飾史〉・44〜45）

田中大喜（17〜23、26〜30）

仁藤敦史（国立歴史民俗博物館 研究部教授〈日本古代史〉・1〜7、16）

日高　薫（国立歴史民俗博物館 研究部教授〈漆工芸史〉・78〜79）

三上喜孝（国立歴史民俗博物館 研究部教授〈日本古代史〉・8〜9、62）

村木二郎（国立歴史民俗博物館 研究部准教授〈日本中世考古学〉・12〜13、46〜61、66〜67）

わくわく！探検

れきはく日本の歴史 2 中世

2018年（平成30）7月20日　第1刷発行
2020年（令和 2 ）5月10日　第2刷発行

編　者　国立歴史民俗博物館

発行者　吉川道郎

発行所　株式会社 吉川弘文館

〒113-0033　東京都文京区本郷7丁目2番8号
電話　03-3813-9151〈代〉
振替口座　00100-5-244
http://www.yoshikawa-k.co.jp/

装幀・本文デザイン＝黒岩二三［Fomalhaut］
印刷・製本＝株式会社 三秀舎

ISBN978-4-642-06822-2